PHILOSOPHY

人民日报学术文库

文化建设的理论自觉
与实践探索研究

李宝艳　彭陈 ｜ 著

人民日报出版社

北 京

图书在版编目（CIP）数据

文化建设的理论自觉与实践探索研究／李宝艳，彭
陈著．—北京：人民日报出版社，2022.12
　　ISBN 978－7－5115－7635－4

　　Ⅰ.①文… Ⅱ.①李… ②彭… Ⅲ.①文化事业—建
设—研究—中国 Ⅳ.①G12

中国版本图书馆 CIP 数据核字（2022）第 257019 号

书　　　名：文化建设的理论自觉与实践探索研究
　　　　　　　WENHUA JIANSHE DE LILUN ZIJUE YU SHIJIAN TANSUO YANJIU
作　　　者：李宝艳　彭　陈

出 版 人：刘华新
责任编辑：曹　腾　杨　校

出版发行：人民日报出版社
社　　　址：北京金台西路 2 号
邮政编码：100733
发行热线：（010）65369509　65369527　65369846　65369512
邮购热线：（010）65369530　65363527
编辑热线：（010）65369523
网　　　址：www. peopledailypress. com
经　　　销：新华书店
印　　　刷：三河市华东印刷有限公司
法律顾问：北京科宇律师事务所　010-83622312

开　　　本：710mm×1000mm　1/16
字　　　数：150 千字
印　　　张：13.5
版次印次：2024 年 1 月第 1 版　　2024 年 1 月第 1 次印刷

书　　　号：ISBN 978－7－5115－7635－4
定　　　价：85.00 元

目 录
CONTENTS

第一章

学习领会习近平文化思想

新时代呼唤文化的大发展，并催生伟大的文化思想。新时代新征程，世界百年未有之大变局加速演进，中华民族伟大复兴进入关键时期，战略机遇和风险挑战并存，宣传思想文化工作面临新形势新任务，必须有新气象新作为。2023 年 10 月 7 日至 8 日，全国宣传思想文化工作会议在北京召开，中共中央总书记、国家主席、中央军委主席习近平对宣传思想文化工作作出重要指示。与以往相比，此次会议在名称上增加了"文化"二字，会议最重要的成果就是首次提出了习近平文化思想。习近平文化思想内容丰富，博大精深，具有深厚的历史感和强烈的现实感。习近平文化思想带有鲜明的时代特征，赓续了中华优秀传统文化，反映了当代中国文化特别是社会主义先进文化的精华，彰显了中国共产党人和中国人民的精神风貌，开辟了马克思主义文化理论特别是中国化时代化马克思主义文化思想的新境界。

一、习近平文化思想是不断探索的理论结晶

党的十八大以来，习近平总书记把宣传思想文化工作摆在治国

理政的重要位置，深刻把握新时代历史方位，以坚定的文化自觉、宏阔的历史视野、深远的战略考量，就文化建设提出了一系列新思想新观点新论断。这些新的理论创见，清晰地呈现了习近平文化思想的形成过程。

2012 年 11 月 15 日，首次当选中共中央总书记的习近平在第十八届中央政治局常委同中外记者见面时指出，"中华民族为人类文明进步作出了不可磨灭的贡献"，中国人民"培育了历久弥新的优秀文化"。2013 年 8 月，习近平总书记在党的十八大后首次全国宣传思想工作会议上指出，"我一直在思考一个问题……我们中国共产党人能不能在日益复杂的国际国内环境下坚持住党的领导、坚持和发展中国特色社会主义，这个还需要我们一代一代共产党人继续作出回答。做好意识形态工作，做好宣传思想工作，要放到这个大背景下来认识。"2014 年 2 月 24 日，习近平总书记在十八届中央政治局第十三次集体学习时首次提出"文化自信"："要讲清楚中华优秀传统文化的历史渊源、发展脉络、基本走向，讲清楚中华文化的独特创造、价值理念、鲜明特色，增强文化自信和价值观自信。"2014 年 3 月 7 日，习近平总书记在参加十二届全国人大二次会议贵州代表团审议时首次将"文化自信"与"道路自信、理论自信、制度自信"一并提出。习近平总书记指出："体现一个国家综合实力最核心的、最高层的，还是文化软实力，这事关一个民族精气神的凝聚。我们要坚持道路自信、理论自信、制度自信，最根本的还有一个文化自信。"自此，"四个自信"的理论初步形成。文化自信，是一面精神旗帜，奠定了习近平文化思想的理论前提。2017 年 10 月 18 日，习近平总书记在十九大报告中首次提出"新的文化使命"这一重大命题，指出"当代中国共产党人和中国人民应该而且一定能够担负起新的文化使命，在实践创造中进行文化创造，在历史进步中实现文化进步"。在 2018 年 8 月 21 日至 22 日全国宣传思想工作会议上，习近平总书记用"九个坚持"高度概括了我们党对宣传思想工作的规律性认识：坚持党对意识形态工作的领导权；坚持思想工作"两个巩固"的根本任务；坚持用新时代中国特色社会主义思想武装全党、教育人民；坚持培育和践行社会主义核心价值观；坚持文化自信是更基础、更广泛、更深厚的自信，是更基本、更深沉、更持久的力量；坚持提高新闻舆论传播力、引导力、影响力、公信力；坚持以人民为中心的创作导向；坚持营造风清气正的网络空间；坚持讲好中国故事、传播好中国声音。习近平总书记强调，做好新形势下宣传思想工作，必须自觉承担起举旗帜、聚民心、育新人、兴文化、展形象的使命任务。2021 年 7 月，习近平总书记在庆祝中国共产党成立 100 周年大会上首次提出"两个结合"的重大论断，即"坚持把马克思主义基本原理同中国具体实际相结合、同中华优秀传统文化相结合"。此后，"两个结合"先后写入《中共中央关于党的百年奋斗重大成就和历史经验的决议》和党的二十大报告。二十大报告指出，"坚持和发展马克思主义，必须同中华优秀传统文化相结合。只有植根本国、本民族历史文化沃土，马克思主义真理之树才能根深叶茂。""我们不断厚植现代化的物质基础，不断夯实人民幸福生活的物质条件，同时大力发展社会主义先进文化，加强理想信念教育，传承中华文明，促进物的全面丰富和人的全面发展。"2023 年 6 月 2 日文化传承发展座谈会上，习近平总书记深刻总结了中华文明具有连续性、创新性、统一性、包容性、和平性这五个突出特性，明确文化建设方面的"十四个强调"，指出"在新的起点上继续推动文化繁荣、建设文化强国、建设中华民族现代文明，是我们在新时代新的文化使命"，必须做到坚定文化自信、秉持开放包容、坚持守正创新。这些论断是对于"两个结合"特别是"第二个结合"更加深刻的阐述。

2023 年 10 月 7 日至 8 日，全国宣传思想文化工作会议正式提出和系统阐述习近平文化思想，在党的宣传思想文化事业发展史上具有里程碑意义。在这次会议上，习近平总书记对宣传思想文化工作作出重要指示，提出"七个着力"的重大要求，即着力加强党对宣传思想文化工作的领导，着力建设具有强大凝聚力和引领力的社会主义意识形态，着力培育和践行社会主义核心价值观，着力提升新闻舆论传播力引导力影响力公信力，着力赓续中华文脉、推动中华优秀传统文化创造性转化和创新性发展，着力推动文化事业和文化产业繁荣发展，着力加强国际传播能力建设、促进文明交流互鉴。"七个着力"既是认识论又是方法论，既有宏观层面的整体指导，又有具体层面的实践路径，具有很强的政治性、思想性、指导性，为今后一个时期的宣传思想文化工作指明了前进方向、提供了科学指南。

二、习近平文化思想是明体达用、体用贯通的理论体系

习近平文化思想既有文化理论观点上的创新和突破，又有文化工作布局上的部署要求，明体达用、体用贯通，明确了新时代文化建设的路线图和任务书，标志着我们党对中国特色社会主义文化建设规律的认识达到了新高度，表明我们党的历史自信、文化自信达到了新高度，并在我国社会主义文化建设中展现出强大伟力。

（一）习近平文化思想是对马克思主义文化理论的丰富和发展

党的十八大以来，习近平总书记围绕新时代文化建设提出一系列新思想新观点新论断，内涵丰富、论述深刻，是新时代党领导文化建设实践经验的理论总结，丰富和发展了马克思主义文化理论，构成了习近平新时代中国特色社会主义思想的文化篇，形成了习近平文化思想①。新时代学习贯彻习近平文化思想，必须深刻把握习近平文化思想的原创性贡献。

第一，提出坚定文化自信作为文化建设的前提。文化自信是基于中华民族历史发展而生成的对于中华文化的信心和信念，是一种积极、稳定的心理状态。文化自信是基于中华民族历史发展而生成的对于中华文化的信心和信念，是推动文化发展的重要力量。党的十八大以来，习近平总书记在多个场合提到文化自信，指出文化自信是一个国家、一个民族发展中最基本、最深沉、最持久的力量。文化自信是对中华民族发展史的自信，是对中华优秀传统文化精髓的自信，是推动文化发展的重要力量，为新时代文化建设提供精神支撑。

第二，提出建设中华民族现代文明作为新时代新的文化使命的重要内容。文化建设需要目标引领，习近平总书记从全面建设社会主义现代化国家、全面推进中华民族伟大复兴的内在要求出发，提出中华民族现代文明这一具有原创性的概念，并将建设中华民族现

---

① 陈金龙、何希贤：《习近平文化思想的原创性贡献》，《光明日报》2023 年 10 月 17 日，第 6 版。

代文明确立为新时代新的文化使命的重要内容。实现中华民族伟大复兴包含中华文明的复兴，中华文明的复兴不是简单恢复昔日的辉煌，而是建设中华民族现代文明。从文明的维度来定义，实现中华民族伟大复兴的目标就是建设中华民族现代文明。

第三，提出"两个结合"作为文化建设的方法。习近平总书记在庆祝中国共产党成立一百周年大会上的重要讲话中，首次提出"两个结合"，这是作为新征程开辟马克思主义中国化时代化新境界的方法而提出的。党的二十大报告对"两个结合"进行了阐释，深化了对"两个结合"的理论认识，明确了"两个结合"的实践指向。在文化传承发展座谈会上，习近平总书记指出："在五千多年中华文明深厚基础上开辟和发展中国特色社会主义，把马克思主义基本原理同中国具体实际、同中华优秀传统文化相结合是必由之路。这是我们在探索中国特色社会主义道路中得出的规律性认识。"如此，"两个结合"从马克思主义中国化时代化的方法，升华为开辟和发展中国特色社会主义的方法，赋予"两个结合"更高地位和更大作用空间。"两个结合"特别是"第二个结合"是具有原创性的表达，诠释了新时代文化建设的方法。

第四，提出全球文明倡议推动人类文明发展。中国共产党既为中国人民谋幸福、为中华民族谋复兴，也为人类谋进步、为世界谋大同。习近平总书记在精心布局中国特色社会主义文化建设的同时，也在积极谋划人类文明发展，提出具有原创性的全球文明倡议，推动构建人类命运共同体。2023 年 3 月 15 日，习近平总书记在中国共产党与世界政党高层对话会上，面向国际社会首次提出全球文明倡议，为推动文明交流互鉴、促进人类文明发展进步提供中国方案。

其中，"共同倡导尊重世界文明多样性"，旨在实现不同文明包容共存、平等对话、交流互鉴；"共同倡导弘扬全人类共同价值"，旨在推动和平、发展、公平、正义、民主、自由成为世界各国人民的共识和追求；"共同倡导重视文明传承和创新"，旨在推动各国优秀传统文化的创造性转化、创新性发展；"共同倡导加强国际人文交流合作"，旨在构建全球文明对话合作平台，拓展合作渠道和交流内容。全球文明倡议体现了人类文明发展规律，指明了人类文明发展道路和发展方法，颇具建设性和可操作性。

（二）进一步明确宣传思想文化工作的任务目标和着力点

习近平总书记对宣传思想文化工作作出重要指示，提出"七个着力"的重大要求。"体"即本体，指中华民族的民族精神、价值观念、优秀文化，亦指科学的思想理论；"用"指实践。这八个字阐明了理论指导实践的重大意义。"七个着力"既是认识论又是方法论，既有宏观层面的整体指导，又有具体层面的实践路径。

第一，着力加强党对宣传思想文化工作的领导。着力加强党对宣传思想文化工作的领导，居于"七个着力"首位，不仅突显出党的领导在习近平文化思想中重要的地位和作用，而且彰显出新时代党在宣传思想文化建设中的角色定位与责任担当。中国共产党是中国特色社会主义事业的领导核心，党的领导是做好各项工作的根本保证，是战胜一切困难和风险的"定海神针"。坚持党对一切工作的领导，是党和国家的根本所在、命脉所在，是全国各族人民的利益所在、幸福所在。新时代新征程上进行文化建设，我们必须旗帜鲜明地加强党对宣传思想文化工作的领导，这是历史、现实、人民的必然选择。

第二，着力建设具有强大凝聚力和引领力的社会主义意识形态。马克思主义是我们立党立国、兴党兴国的根本指导思想，是我们党的灵魂和旗帜，拥有马克思主义科学理论指导是我们党坚定信仰信念、把握历史主动的根本所在。宣传思想文化工作要坚持巩固马克思主义在意识形态领域的指导地位，巩固全党全国人民团结奋斗的共同思想基础。着力建设具有强大凝聚力和引领力的社会主义意识形态，是全党尤其是宣传思想战线必须担负起的一项战略任务。必须牢牢掌握党对意识形态工作领导权、管理权、话语权，全面落实意识形态工作责任制，巩固壮大奋进新时代的主流思想舆论。要加强意识形态人才队伍建设，建设一支高素质的人才队伍，切实做到守土有责、守土负责、守土尽责。

第三，着力培育和践行社会主义核心价值观。社会主义核心价值观是当代中国精神的集中体现，是凝聚中国力量的思想道德基础，是社会主义先进文化的灵魂和精髓。党的十八大以来，以习近平同志为核心的党中央将培育和践行社会主义核心价值观作为重大战略任务，以社会主义核心价值观引领文化建设，涵养价值共识，筑牢思想根基。社会主义核心价值观，成为当代中国坚定文化自信、建设文化强国的价值引领、精神动力和力量源泉。

第四，着力提升新闻舆论传播力引导力影响力公信力。必须把握正确舆论导向，着力提升新闻舆论传播力引导力影响力公信力，巩固壮大主流思想舆论。要依托云计算，大数据、人工智能等新兴技术，着力构建现代传播体系；通过丰富的内容、新颖的题材和创新的表达方式，增加新闻信息的传播力；全面真实客观进行新闻报道，提高新闻舆论引导力；注重融媒团队专业化打造，建设一支政治素质高、业务技能精、工作纪律严、工作作风正的新闻宣传队伍；为人民讲好故事，讲好人民故事。

第五，着力赓续中华文脉、推动中华优秀传统文化创造性转化和创新性发展。中华优秀传统文化源远流长、博大精深，是中华文明的智慧结晶，是中华民族的突出优势，是中华民族的根和魂。新时代要坚持中国特色社会主义文化发展道路，在"两个结合"特别是"第二个结合"中着力赓续中华文脉、推动中华优秀传统文化创造性转化和创新性发展。大力实施中华优秀传统文化传承发展工程，深入挖掘中华优秀传统文化蕴含的思想观念、人文精神、道德规范，结合新时代要求继承创新，让中华文化展现出永久魅力和时代风采。坚持用马克思主义观察时代、把握时代、引领时代，坚持古为今用、推陈出新，以马克思主义为指导对中华五千多年文明宝库进行全面挖掘，用马克思主义激活中华优秀传统文化中富有生命力的优秀因子并赋予新的时代内涵，推动其实现创造性转化和创新性发展，为赓续中华文脉注入固本培元、立根铸魂的思想力量。

第六，着力推动文化事业和文化产业繁荣发展。文化事业和文化产业繁荣发展，是全面建设社会主义现代化国家的必然要求。在全面建设社会主义现代化国家新征程上，需要凝心铸魂，团结激发人民群众更大的建设热情，增强精神力量，使人民群众以更饱满的精神投入社会主义现代化建设这一伟大事业中。文化事业和文化产业繁荣发展的一项重要成果，就是以社会主义核心价值观为引领，为人民群众提供丰富的精神食粮，团结人民、鼓舞士气，形成促进发展的强大精神动力。坚持以人民为中心的发展理念，不断提供高质量的文化服务和文化产品，让人民群众更直接感受到精神文化的满足和愉悦，让人民群众拥有更多获得感、幸福感，这是社会主义现代化国家建设的重要任务。

第七，着力加强国际传播能力建设、促进文明交流互鉴。习近平总书记指出，文明因多样而交流，因交流而互鉴，因互鉴而发展。要着力加强国际传播能力建设、促进文明交流互鉴。坚守中华文化立场，提炼展示中华文明的精神标识和文化精髓，充分展示中华优秀传统文化蕴含的全人类共同价值，彰显中华文明突出的包容性。加快构建中国话语和中国叙事体系，讲好中国故事、传播好中国声音，展现可信、可爱、可敬的中国形象。着力提高中华文化感召力，增强中华文明传播力影响力，在文化建设和文化发展层面推动人类文明发展进步。

三、习近平文化思想是强大思想武器和科学行动指南

宣传思想文化工作事关党的前途命运，事关国家长治久安，事关民族凝聚力和向心力，是一项极端重要的工作。党的十八大以来，以习近平同志为核心的党中央统筹中华民族伟大复兴战略全局和世界百年未有之大变局，准确把握世界范围内思想文化相互激荡、我国社会思想观念深刻变化的趋势，从全局和战略高度对宣传思想文化工作作出系统谋划和部署。习近平文化思想丰富和发展了马克思主义文化理论，为做好新时代新征程宣传思想文化工作、担负起新的文化使命，提供了强大思想武器和科学行动指南①。

---

① 曲青山：《担负起新的文化使命的强大思想武器和科学行动指南》，《人民日报》2023 年 10 月 24 日，第 13 版。

（一）习近平文化思想是新时代党领导文化建设实践经验的理论总结

文化是民族生存和发展的重要力量。中国共产党从成立之日起，既是中国先进文化的积极引领者和践行者，又是中华优秀传统文化的忠实传承者和弘扬者。党的百余年奋斗凝结着我国文化奋进的历史，特别是党的十八大以来，面对新形势新任务新挑战，以习近平同志为核心的党中央，在领导党和人民推进治国理政的实践中，把文化建设摆在全局工作的重要位置，围绕在新的历史起点上继续推动文化繁荣、建设文化强国、建设中华民族现代文明这一新的文化使命，对宣传思想文化工作作出一系列重大决策部署，推动新时代宣传思想文化事业取得历史性成就，意识形态领域形势发生全局性、根本性转变。习近平文化思想正是在继承发展党成立以来领导文化建设探索成果和宝贵经验的基础上，在新时代文化建设的伟大实践中形成并不断丰富发展的，是新时代党领导文化建设实践经验的理论总结。

（二）"两个结合"的重大成果

在五千多年中华文明深厚基础上开辟和发展中国特色社会主义，把马克思主义基本原理同中国具体实际、同中华优秀传统文化相结合是必由之路。这是我们在探索中国特色社会主义道路中得出的规律性认识，是我们取得成功的最大法宝。"第二个结合"是又一次的思想解放，让我们能够在更广阔的文化空间中，充分运用中华优秀传统文化的宝贵资源，探索面向未来的理论和制度创新。习近平文化思想坚守马克思主义这个魂脉和中华优秀传统文化这个根脉，有效把马克思主义思想精髓同中华优秀传统文化精华贯通起来，谱写了马克思主义文化理论发展新篇章，是"两个结合"的重大成果。

（三）构成习近平新时代中国特色社会主义思想的文化篇

科学的理论总是与伟大的实践相互激荡、共进同行。党的十八大以来，围绕宣传思想文化工作，党中央召开的会议之密集、作出的决策部署之全面，习近平总书记论述之丰富系统、深刻厚重，在党的历史上是不多见的。在这次对宣传思想文化工作作出的重要指示中，习近平总书记又对宣传思想文化工作提出"七个着力"的要求。这一系列重要论述深刻阐明了新时代文化建设的重大意义、丰富内涵、实践要求等重大问题，形成了系统完整、逻辑严密、相互贯通的科学理论体系。习近平文化思想是习近平新时代中国特色社会主义思想在文化建设领域的具体展开和集中体现，构成了习近平新时代中国特色社会主义思想的文化篇，标志着我们党对中国特色社会主义文化建设规律的认识达到了新高度，表明我们党的历史自信、文化自信达到了新高度。

（四）在我国社会主义文化建设中展现出强大伟力

习近平文化思想具有广阔时代背景、深厚理论基础和坚实实践基础，蕴含着坚定文化自信、宏阔历史视野、深远战略考量，体现了理论与实践相结合、历史与现实相贯通、认识论与方法论相统一等鲜明特点，在推动我国社会主义文化建设中展现出巨大真理力量和强大实践伟力，是指引全党全国各族人民在新的历史起点上继续推动文化繁荣、建设文化强国、建设中华民族现代文明的强大思想武器和科学行动指南。习近平文化思想具有鲜明的科学性、鲜明的人民性、鲜明的实践性和鲜明的开放性。

伟大的实践孕育伟大的思想，伟大的思想引领伟大的实践。习近平文化思想具有很强的政治性、思想性、指导性，大大深化了对中国特色社会主义文化建设的规律性认识，是做好宣传思想文化工作的行动指南。

第二章

在开展精神文明建设中增强文化力量

党的十八大以来，习近平总书记就中国特色社会主义精神文明建设问题，提出了一系列新观点、新方法，这标志着我国精神文明建设进入新的历史时期。增强精神文明建设工作的文化力量，主要是指，遵循文化的生成机理和发展规律，发挥文化特有的独特优势和鲜明特点。追本溯源、立足当下，全面探讨中国共产党人开展精神文明建设的理论渊源、重要论述、时代价值等重要问题，在凝聚价值理念中增强精神文明建设工作的精神引领，在完善制度保障中进行精神文明建设工作的稳步推进，在注重实践体验中实现精神文明建设工作的实质飞跃，在丰富文化载体中推动精神文明建设工作的方式创新。通过发挥文化的力量，不断提升精神文明建设工作的针对性和实效性。

第一节　新时代开展精神文明
建设的理论渊源

马克思主义精神文明观是建立在科学世界观和方法论基础之上的，其结合了马克思、恩格斯对精神和文明两者本质的探求。主要包括：文明是标志物质生产和精神生产进步的范畴、精神文明的发展取决于物质文明的发展程度、个人的自由和全面发展是精神文明建设的最高理想等基本内容。立足基本内容可以发现，马克思主义精神文明观体现了人民主体性、历史继承性、相对独立性等本质特征。发掘马克思、恩格斯的精神文明观，为新时代精神文明建设奠定坚实理论基础、为新时代推进社会建设厚植思想根基、为新时代促进个人全面发展提供实践指引。

马克思和恩格斯是伟大的思想家和革命导师，关于精神文明问题他们并没有进行专门、系统的论述，他们是在与非马克思主义理论家就精神、文明、意识形态等基本问题进行论战时阐述的基本观点，是在批判中阐释的精神文明观，他们关于精神文明观的相关论述对当前我国新时代精神文明建设具有重要的指导意义。

党的十八大以来，以习近平同志为核心的党中央从党和国家事业的全局出发，对于"文明"有了更为深入、系统的阐释，从物质文明、精神文明、政治文明、生态文明等方面丰富了文明的理论内涵和实践外延。习近平总书记关于精神文明建设的重要论述，立意深远、内涵丰富，不断开拓中国共产党关于精神文明建设的新观点、新视野、新境界，为实现中华民族伟大复兴的中国梦提供理论基础和实践指引。是对马克思主义精神文明观基本内容和本质特征的回归，是探索新时代精神文明建设的有效路径。

文明是标志物质生产和精神生产进步的范畴、精神文明的发展很大程度上取决于物质文明的发展程度、个人的自由和全面发展是精神文明建设的最高理想分别对应马克思主义精神文明观的逻辑起点、核心要义与价值旨归，这三者内涵之间是相互促进、层层递进的关系。虽然马克思主义精神文明观并不像唯物史观学说、剩余价值理论成为马克思主义理论体系中的系统理论学说，但它作为马克思主义理论的重要组成部分，对当前中国推进精神文明建设具有重要的理论指导和实践意义。

一、逻辑起点：文明是标志物质生产和精神生产进步的范畴

马克思、恩格斯对精神和文明两者本质的探求，是马克思主义精神文明观的逻辑起点。马克思、恩格斯没有直接论述精神文明建设的重要性，但他们关于意识、精神、理论、科学等社会意识的重要性的论述可以理解为关于精神文明建设的论述。马克思和恩格斯曾指出："意识在任何时候都只能被意识到了的存在，而人们的存在就是他们的现实生活过程。"① 在马克思、恩格斯之前，"文明"一词通常用来表示人民在进步道路上的运动。可见，文明作为一种社会历史范畴，其出现意味着人类开始脱离原始社会的蒙昧和野蛮状态。马克思和恩格斯在《德意志意识形态》中提出"这里出现了自

---

① 《马克思恩格斯选集》第 1 卷，人民出版社 2012 年版。

然形成的生产工具和文明创造的生产工具",① 认为耕地等可以视为自然产生的生产工具。在前一种情况下，只要具备普通常识即可，体力劳动和脑力劳动还没有被完全分开；而在后一种情况下，脑力劳动和体力劳动已经实行分工合作。

之后，恩格斯更是在《家庭、私有制和国家的起源》中更加明确地指出，"文明时代是学会对天然产物进一步加工的时期，是真正的工业和艺术产生的时期",② 明确地将物质文明和精神文明与物质生产和精神生产结合起来。从马克思主义哲学的角度来看，作为历史唯物主义的范畴，物质文明和精神文明、物质生产和精神生产这两对基本范畴之间既有微妙联系又存在些许区别。物质财富的增加和生产力的增长都可以看作物质文明的进步，但这都是物质生产成果的积累，物质财富和生产力只能视为物质生产的重要组成部分。从物质生产对精神生产的作用来看：物质生产可以看作精神生产的基础或前提。物质生产不够发达，未能奠定一定的物质文明，文化教育科学事业也会受到一定限制，人们的精神面貌、社会风尚也会受到不同程度的影响；从精神生产对物质生产的作用来看，精神生产及其精神文明，对物质文明的建设不但发挥巨大的推动作用，同时还能一定程度上影响它的发展方向。可见，物质生产和精神生产两者相互联系、彼此结合。需要注意的是，物质文明属于物质生产的范畴，但不完全等同于物质生产；同时，精神文明作为精神生产成果和精神财富的结合体，也并不完全等同于精神生产，但也属于

---

① 《马克思恩格斯选集》第 1 卷，人民出版社 2012 年版。
② 《马克思恩格斯选集》第 4 卷，人民出版社 2012 年版。

精神生产的范畴。① 总之，物质文明标志着物质层面生产的进步和发展的水平，精神文明则标志着精神层面生产的进步和发展的水平。

二、核心要义：精神文明的发展取决于物质文明的发展程度

马克思、恩格斯对物质文明与精神文明两者关系的探索，是马克思主义精神文明观的核心要义。唯心史观一般从观念领域去探寻精神文明发展的起源，错误、片面地夸大了精神的作用，甚至把这种作用说成是决定物质的，从根本意义上颠倒物质与意识何者为第一性的关系，因此难以揭示精神文明发展的生成机制及运作规律。与唯心史观不同，马克思认为政治制度和社会意识形态归根到底都是生产的表现，受生产所支配。马克思所强调的社会是活生生的，所强调的生产是具体的、历史的。因此，通过联系生产方式的发展可以揭示精神文明的起源发展和本质规律。马克思指出："如果物质生产本身不从它的特殊的历史的形式来看，那就不可能理解与它相适应的精神生产的特征以及这两种生产之间的相互关系。"② 社会生产关系的不断更替有利于促进生产力的发展。社会主义消灭了剥削阶级，它的精神文明是新型的，社会主义消灭了剥削阶级的精神面貌，这与资本主义有着本质的区别，而它的科学、教育等事业的发展，也终于为资本主义所不可企及。

在马克思和恩格斯看来，物质文明和精神文明的辩证关系如下：首先，两者都是改造世界的实践产物，是伴随着实践的发展而发展

---

① 施为民，黄春生：《马克思主义的精神文明观》，《中山大学学报》（社会科学版）1983 年第 1 期。

② 《马克思恩格斯全集》第 26 卷，人民出版社 1972 年版。

的。其次，物质文明是精神文明不可或缺的基础和前提。最后，精神文明的发展也对物质文明的推进具有能动作用。总体而言，两者同是社会实践的产物，互为条件、互为目的。马克思还进一步指出：精神生产与生产方式相适应、相吻合，它们的性质是由人对自然的依存关系以及一定的社会结构所决定的。社会结构是指生产关系，生产力是指人对自然的关系。精神生产、精神文明的性质是由一定的人与自然的相互关系和社会结构所决定的，简而言之，也就是由生产力和生产关系所决定的。但是，精神生产和精神文明的生产方式和组成部分极其复杂，如自然科学直接受生产力所制约，社会科学思想受生产关系所制约，教育、文学、艺术等事业则受生产力和生产关系的综合制约。由于生产力决定生产关系，因此，精神文明归根到底是要受到生产力所制约的。同时，物质文明作为精神文明的基础，对精神文明的发展具有一定的奠基作用。

三、价值旨归：个人的自由和全面发展是精神文明建设的最高理想

马克思和恩格斯对精神文明建设最高理想的蓝图构建，是马克思主义精神文明观的价值旨归。人的全面发展理论作为马克思主义学说的重要组成部分，是共产主义理想的应有之义，是人类社会发展的最终价值取向，也是精神文明建设的最高理想。马克思曾在《资本论》中指出，共产主义是以"每一个个人的全面而自由的发展为基本原则的社会形式建立现实基础。"① 恩格斯在《共产主义原理》一文中指出："根据共产主义原则组织起来的社会，将使自己的

---

① 《马克思恩格斯选集》第 2 卷，人民出版社 2012 年版。

成员能够全面发挥他们的得到全面发展的才能。"① 马克思的个人全面发展理论是社会主义精神文明建设的重要理论依据和思想武器。个人全面发展归根到底就是指个人整体素质的提高和发展，它不仅是一个理想目标，也是现实的历史过程。无论是个人的全面发展，还是整体素质的提高都无法脱离物质文明、精神文明的发展，物质文明是人的全面发展、综合素质提高的前提条件和基础。马克思曾指出："如果这个人的生活条件使他只能牺牲一些特性而单方面地发展某一种特性，如果生活条件只提供给他这一特性的材料和时间，那么这就不能超出单方面的畸形发展。"② 然而，个人的全面发展作为个人自我完善、自我发展的一个运动过程，不仅需要外在的物质前提和基本条件，同时更需要内在的精神力量和潜在动力。精神文明作为社会精神力量，既是人们在社会实践中所创造的整个精神财富的总和，也是个体实现全面发展以及综合素质提高的直接动力。

个人全面发展理论不仅是社会主义社会的重要指导思想，也是社会主义现代化建设的重要组成部分。个人全面发展理论是人类社会发展的最终价值取向，是共产主义理想的应有之义，也是社会主义精神文明建设的理想目标。可见，推动社会主义精神文明建设进程始终不能背离人的全面发展这一根本价值旨归。首先，认定全面发展总是处于发展的一种社会状态当中，只有具有共产主义觉悟的人的发展才能成为他人发展乃至社会进步的积极因素。其次，人的发展是相对于社会发展而言的，包括人的自由发展、充分发展和全

---

① 《马克思恩格斯选集》第 1 卷，人民出版社 2012 年版。
② 《马克思恩格斯全集》第 3 卷，人民出版社 2002 年版。

面发展三个方面。人的自由全面发展是当前社会主义精神文明建设的重要着力点。最后，个人全面发展理论包括人的主体性能力的发展，因此必须繁荣教育科学文化建设，提高全体公民的文化素质。人的主体性能力的本质是人的创造性思维能力的运用，因此在普及和提高教育科学文化的过程中，除了加强思想道德教育以外，还应当着力提高个人改造外部世界的实践能力。总而言之，提高人的主体性能力、培育人的创造性思维等，都是个人的社会化进程，因而教育科学文化建设作为一个社会性的系统工程，应当充分借助社会的各方力量，实现个人全面发展，推动社会主义精神文明建设。

第二节　新时代关于精神文明
建设的重要论述

　　精神文明建设作为一个历史性范畴，在不同的历史境遇被赋予了一定的价值定位。聚焦精神文明建设的历史演进，不难发现，中国共产党人在革命、建设、改革的不同历史时期，始终重视精神文明建设对于个人全面自由发展的重要作用。党的十八大以来，以习近平同志为核心的党中央从党和国家事业的全局出发，对于"文明"进行了更为深入、系统的阐释，从物质文明、精神文明、政治文明、生态文明等方面丰富了文明的理论内涵和实践外延。习近平总书记关于精神文明建设发表了一系列重要论述、重要思想、重要观点，立意深远、内涵丰富，不断开拓中国共产党关于精神文明建设的新视野、新境界，新思路，为实现中华民族伟大复兴的中国梦提供理论基础和实践指引。深入学习和贯彻习近平总书记关于精神文明建设的重要论述，对于深化和拓展中国特色社会主义精神文明建设理论研究，推动物质文明与精神文明的均衡发展、相互促进，实现两个一百年的奋斗目标、实现中华民族伟大复兴，甚至为世界其他国家精神文明建设提供中国方案，具有重要的理论意义和实践价值。

党的十八大以来，习近平总书记立足于我国国情和国际形势，深刻阐发了新时代精神文明建设应当在目标维度上推动精神文明建设与物质文明建设的平衡，在内容维度上用文化自信思想指引精神文明建设内容体系的优化，在方法维度上用创新思维方法助推精神文明建设实践活动的完善，这三重维度之间是相互促进、层层递进的关系，为我国新时代全面开展精神文明建设工作提供了新的理论支撑和实践指导。习近平总书记在全国宣传思想工作会议、庆祝改革开放 40 周年大会、全国道德模范表彰活动做出的重要指示等系列讲话中，对新时代推进精神文明建设做出重要论述，主要体现在以下几个方面：

一、目标维度：以辩证观点推动精神文明建设与物质文明建设的平衡

精神文明建设与物质文明建设是我国社会主义现代化进程中永恒不变的时代主题，针对两者的关系，自改革开放以来，党中央提出应该运用全面、辩证的观点来看待两者的关系，确定了"两手抓、两手都要硬"① 的战略方针。习近平总书记在阐述中国梦时强调："只有物质文明建设和精神文明建设都搞好，中国特色社会主义事业才能顺利向前推进。"② 一方面，运用辩证的、全面的观点来处理精神文明建设与物质文明建设的关系。所谓辩证的观点是指既要坚持物质文明也要重视精神文明，两者不可偏倚；全面的观点是指要从建设的大局出发，不仅要重视提高人民的物质水平，同时还要丰富他们的精神世界。精神文明建设应当以马克思主义为指导思想，它的发展需要物质文明建设提供物质基础和实践经验，同时它的发展又为物质文明建设提供精神动力和智力支持。另一方面，运用平衡的观点来处理精神文明建设与物质文明建设的关系，这是对马克思主义哲学中"社会意识具有相对独立性"论断的进一步传承与创新，同时也赋予新时代精神文明建设新的方向和目标。精神文明建设如何发展，在质和量上都没有根本性的规定，两者发展到何种程度也没有明确性的解释，这进一步揭示了精神文明建设中的不平衡性。具体表现在物质文明和精神文明在建设的过程中可能出现不同步的情况、不同地区、不同单位的不平衡问题。因此，既要让人们过上比较富足的生活，同时还要提高人民的思想道德水平和科学文化水平，这才能进一步巩固脱贫攻坚成果更好防止规模性返贫。总的来说，随着物质文明程度的提高，会对精神文明的发展提出更高的要求，同时精神文明的发展也能为物质文明建设提供新的动力。

---

① 习近平：《在会见第四届全国思想道德建设工作先进代表时的讲话》，《人民日报》，2015 年 3 月 1 日。

② 习近平：《习近平谈治国理政》，外文出版社 2014 年版。

二、内容维度：以文化自信指引精神文明建设内容体系的优化

整个人类文明由物质文明和精神文明组合而成。物质文明是人们改造客观世界所取得的物质成果的总和，精神文明则是人们改造客观世界获得的精神成果的总和，主要包括思想道德建设和科学文化建设两个方面。具体而言，思想道德建设则包含社会全体成员的道德素质、社会风貌以及思想观念等方面，科学文化建设主要包含科技、体育、卫生、教育等各项事业的发展。党的十八大以来，中国特色社会主义事业蓬勃发展，中华民族伟大复兴不断推进，以习近平同志为核心的党中央带领全党全国各族人民进入新时代，这是我国发展阶段新的历史方位。进入社会主义新时代，习近平总书记强调"抛弃传统、丢掉根本，就等于割断了自己的精神命脉"，这也为新时代推进精神文明建设指明了根本方向。在习近平总书记看来，中国的自信，实质上是文化自信，落脚点是精神文明建设。文化自信是推动国家发展、民族振兴、社会进步、个人发展的潜在力量，是全面建设社会主义强国、走向世界中央舞台的核心动力。新中国成立 70 多年来，中国共产党将建设中国特色社会主义最新的精神成果与全民族文明素养的提升有机结合，创造了根植于历史渊源和伟大实践的社会主义先进文化。源自中华优秀传统文化、血与火洗礼中的革命文化以及中国特色社会主义先进文化是新时代走好新征程的思想保证、精神支撑和价值指引。① 习近平总书记提出文化自

① 赵永明：《新时代中国特色社会主义先进文化的现实意义和实现进路》，《思想理论教育导刊》2019 年第 10 期。

信思想，并指出文化自信是更基础、更深厚的自信，文化自信对我国经济建设、政治建设等方面都产生重要影响，精神文明建设也不例外。文化自信是指对中华民族文化有较为全面且深刻的理解，从心理上最大程度地接受中华民族文化的濡染与熏陶，并将其转为自身的道德规范和实践指引。因此，文化自信思想的提出为新时代精神文明建设注入新的活力，将思想道德建设和科学文化建设有机紧密联系，进一步强调在进行思想道德建设和科学文化建设的过程中必须使用中华优秀传统文化、革命文化以及社会主义先进文化来完善我国的思想道德文化体系，丰富思想道德教育的内容，为科学文化建设提供理论基础和生动素材。

三、方法维度：以创新思维助推精神文明建设实践活动的完善

在不同的时代环境和背景下，推动精神文明建设的实践活动有所差异。党的十八大以来，习近平总书记非常重视将精神文明建设贯穿到社会主义精神文化进程当中，用创新思维方法助推精神文明建设实践活动的完善。第一，以家风建设推进精神文明实践活动。家庭是社会构成的基本细胞，是道德养成的逻辑起点。"要注重家教、重视家教、注重家风"，① 这是习近平总书记在 2018 年 11 月 2 日在同全国妇联新一届领导班子成员集体谈话中所提及的的。习近平总书记强调：认真研究家庭领域出现的新问题，把推进家庭工作作为一项长期的任务抓实抓好。习近平总书记从家风入手推进精神文

---

① 习近平：《同全国妇联新一届领导班子成员集体谈话并发表重要讲话》，《人民日报》，2018 年 11 月 3 日。

明建设，精确把握家庭文明建设与国家精神文明建设的内在逻辑关联，将家庭文明建设视为国家精神文明建设的基础性工程。我们要将家风建设与思想道德建设、理想信念教育结合起来，增强家庭成员对社会主义核心价值观的认同，营造良好温馨的家庭氛围。良好的家庭关系是社会健康发展的前提，不能"齐家"就很难治理好国家。从"小爱"螺旋式上升到"大爱"，有利于充分发挥群众的主观能动性，贯彻以人为本的执政理念和治国方针。

　　第二，以建章立制推进精神文明实践活动。一方面，推进诚信建设制度化。大力宣传诚信人物代表，同时完善信用记录制度，一旦有失信记录，将在生活中存在诸多不便，通过制定相关规章制度对公民的失信行为进行约束、警示，用法治手段和制度力量促进文明行为养成，社会成员的诚信度将大大提高。另一方面，持续推进志愿服务制度化。志愿服务是社会文化进步的显著标志。党的十八大以来，广大志愿者、志愿服务组织积极响应党和人民的号召，走进社区、走进乡村、走进基层，为他人献温暖，为社会做贡献，成为人民有信仰、国家有力量、民族有希望的生活体现。

　　第三，以榜样力量推进精神文明实践活动。伟大时代呼唤伟大精神，崇高事业需要榜样引领。榜样身上往往凝结着中华民族的传统美德、崇高精神、优秀品质等，可以有效激发和唤醒人们的思想认同和情感共鸣。2019 年 9 月习近平总书记在对全国道德模范表彰活动的重要指示中指出，培育和践行社会主义核心价值观，推进社会公德、职业道德、家庭美德、个人品德兼和，深化群众性精神文化创建活动。① 2022 年习近平总书记在"五一"国际劳动节前夕，致信首届大国工匠创新交流大会，指出，"我国工人阶级和广大劳动群众要大力弘扬劳模精神、劳动精神、工匠精神"，"为推动高质量发展、实施制造强国战略、全面建设社会主义现代化国家贡献智慧和力量"。② 各个历史时期、各行各业的英雄模范都值得我们敬仰和学习，要用英雄模范的感人故事激励全党全国各族人民坚守爱国情怀和坚定奋斗意志，为实现中华民族伟大复兴的中国梦凝聚起伟大中国力量。

第三节 新时代关于精神文明建设重要论述的基本特征

作为人们能动地改造现实世界的社会性活动，精神文明建设不仅包含人们对物质世界观念把握的进步，还包含指导实践的精神理念外在转换的丰富。因此，精神文明建设的推进不仅体现了人们主观目的的客观化和现实化，还彰显了精神文明实践活动的内在品格。中国共产党人关于精神文明建设的重要论述，尤其是习近平总书记关于精神文明建设的高瞻远瞩和独特见解，是对当前如何进行中国社会精神文明建设的深刻思考，它立足于精神文明建设的时代潮流，扎根于马克思主义精神文明观，批判地吸收和借鉴了中华优秀传统

---

① 《深化群众性精神文明创建活动 着力培养担当民族复兴大任的时代新人》，《人民日报》，2019 年 9 月 6 日。

② 《习近平致首届大国工匠创新交流大会的贺信》，新华网，2022 年 4 月 27 日。

文化中的智慧，具有强烈的问题意识、体现了科学的理论思维、彰显出炽热的人民情怀。

一、强烈的问题意识

马克思曾指出："问题是时代的格言，是表现时代自己内心状态的最实际的呼声。"① 正确地认识并科学回答时代发展过程中所涌现出来的问题，是促进理论创新和推动人类社会发展的不竭动力和科学源泉。当今世界，推动社会精神文明建设，是中国乃至全世界的国家在发展过程中都面临的重要课题。第一，着眼时代发现问题。习近平总书记将精神文明建设这一重要议题放在时代深刻变化的国内国际大背景环境下来审视和思考，通过扎根和立足当下中国的国情和发展实际，明确当前精神文明建设所面临的突出问题。如习近平总书记强调全面树立节约意识、环保意识和生态意识，这是培育生态道德和行为准则的基础和前提，生态文明的建设度也必然影响到精神文明建设的完成度。第二，立足中国聚焦问题。习近平总书记坚持从中国发展的阶段性特征和现实国情出发，合理把握精神文明建设与个人发展、社会进步以及整个国家富强乃至推动全世界精神文明建设的关系，聚焦中国问题。如习近平总书记强调正确认识和处理国家、集体和个人之间的关系，自觉克服和纠正损人利己等不正之风。第三，构建路径解决问题。习近平总书记坚持以马克思主义为指导，创造性地运用中华优秀传统文化智慧和人类文明成果来推动社会精神文明建设。习近平总书记强调，通过强化教育

① 《马克思恩格斯全集》第 1 卷，人民出版社 1995 版。

引导、实践养成、制度保障等方式方法，发挥社会主义核心价值观对国民教育、精神文明创建的引领作用，把社会主义核心价值观融入社会发展的各方面。①

二、科学的理论思维

恩格斯曾言："一个民族要想站在科学的最高峰，就一刻也不能没有理论思维。"② 在关于推动精神文明建设的重要论述中，习近平总书记主要运用以下三种思维方式。第一，战略思维明晰定位。党的十八大以来，精神文明建设被党中央提升到党和国家全局性的战略部署当中，将精神文明建设与治国理政方针紧密联系，高度融合。首先，精神文明建设要为全面深化改革提供不竭动力。改革不仅包含各领域的体制改革，同时也包含思想观念的革新。其次，精神文明建设要为全面依法治国提供道德支撑。当前，依法治国和以德治国相结合得到广泛落实，法律需要道德的滋养，全面依法治国也需要道德的支撑。最后，精神文明建设要为全面从严治党提供思想保证。当前少数共产党员的奢靡之风、享乐主义仍然存在，思想立场较不坚定，在这个关键时刻，要提振精神状态，通过精神文明建设从而为全面从严治党提供坚实的思想保证。第二，系统思维部署工作。习近平同志强调精神文明建设的范围很广，搞好卫生是精神文明建设的一项重要内容；③ 同时在进行精神文明建设的过程中，应当

---

① 习近平：《决胜全面建成小康社会 夺取新时代中国特色社会主义伟大胜利——在中国共产党第十九次全国代表大会上的报告》，人民出版社 2017 年版。
② 《马克思恩格斯选集》第 3 卷，人民出版社 2012 年版。
③ 习近平：《知之深 爱之切》，河北人民出版社 2015 年版。

充分发动群众制订好发展规划，按照规划，一步一个脚印认真抓下去。① 第三，创新思维推动发展。其主要表现在建设方法的创新。习近平总书记不仅提倡通过道德模范的先锋带头作用来推动精神文明建设，主张借助中华优秀传统文化、革命文化以及社会主义先进文化来加强人们的思想道德建设和整个社会的精神文明建设，注重家庭、家教、家风，把推进家庭工作作为一项长期任务抓实抓好。② 坚持从家庭出发，从娃娃抓起，将社会主义核心价值观贯穿到家庭教育当中，为少年儿童"扣好人生的第一粒扣子"。同时还提出针对地区发展不平衡、城乡发展不均衡等矛盾，以改革的思路和创新的手段，大力推进工作机制、渠道载体的创新，以更有效的协调发展举措，增强人民群众在精神层面的获得感和幸福感。

三、炽热的人民情怀

习近平总书记在中共中央政治局第 28 次集体学习时强调："要坚持以人民为中心的发展思想，"③ 这一思想丰富和发展了马克思主义精神文明观，对于我国当前构建精神文明社会也具有重大意义，人民日益增长的美好生活需要，期盼品质更高、层次更多、个性化更强的精神文化活动和生活。坚持以人民为中心的工作导向，具体表现在：第一，尊重人民主体地位。习近平总书记强调，我们必须

---

① 习近平：《知之深 爱之切》，河北人民出版社 2015 年版。
② 习近平：《坚持中国特色社会主义妇女发展道路 组织动员妇女走在时代前列建功立业》，《人民日报》，2018 年 11 月 3 日。
③ 习近平：《立足我国国情和我国发展实践 发展当代中国马克思主义政治经济学》，《人民日报》，2015 年 11 月 25 日。

充分调动人民群众参加精神文明建设的自觉性、积极性和创造性，对于工人、农民、青年学生等不同群体应当针对他们的年龄、职业和特点，开展他们所欢迎的各种活动。① 精神文明建设从来都不是哪一个部门和哪一个人就能完成的事情，而是全党全民的事业。第二，维护人民切身利益。推进社会精神文明建设的目的是维护和实现广大人民群众的根本利益，习近平总书记关于精神文明建设的一系列论述，关于思想道德建设和科学文化建设的推进，是对人民在新时代背景下对精神需求的与日俱增的现实回应和感召，同时还强调精神文明建设和物质文明建设的协调发展，本质上也是为了通过物质文明的提高，满足人民群众多样化的精神文化生活需求。第三，促进人民全面发展。习近平总书记强调财政收入、居民收入等重要指标都不是精神文明建设的最终目的，其最终目的是促进人民群众的全面发展，包括改善他们的物质生活、丰富他们的精神生活、提高思想道德素质和科学文化素质，等等。② 全面是精神文明建设的基本要求，体现为思想道德素质和科学文化素质等方面的协调进步，但全面发展并不意味着平均发力，针对个人、群体以及社会的需求和差异，要结合个人实际情况和国情而有所侧重。

---

① 习近平：《摆脱贫困》，福建人民出版社 2014 年版。
② 习近平：《之江新语》，福建人民出版社 2007 年版。

第四节 新时代关于精神文明建设重要
论述的时代价值

回顾中国共产党人关于精神文明建设的重要观点，意味着将精神文明建设置于中华民族伟大复兴的时代场域中，将精神文明建设置于"作用与评价""需要与利益"等表现范式中加以展开和归纳。习近平总书记关于精神文明建设重要论述继承和发展了马克思主义精神文明建设理论、是新时代进行精神文明建设的重要理论指南，为世界其他国家精神文明建设提供中国方案亦有重要的启发价值。

一、继承和发展了马克思主义精神文明建设理论

马克思、恩格斯没有直接论述精神文明建设的重要性，但他们关于意识、精神、理论、科学等社会意识的重要性的论述可以理解为关于精神文明建设的思想、学说。马克思、恩格斯指出："意识在任何时刻都只能被意识到了的存在，而人们的存在就是他们的实际生活过程。"① 列宁在总结马克思、恩格斯思想的时候指出："社会意识反映社会存在，这就是马克思的学说。"② 因此，在马克思主义唯物史观看来，人们的意识、心理及社会意识、社会心理都不过是人们的存在、社会存在在人们头脑中的反映，它们由社会存在所决

---

① 《马克思恩格斯选集》第 3 卷，人民出版社 2012 年版。
② 《列宁选集》第 2 卷，人民出版社 1995 年版。

定，随社会存在而变化。可见，精神文明是具体的、历史的，是和一定的生产方式所匹配并且相适应的，生产方式决定了精神文明的特征。马克思还进一步指出：精神生产和生产方式相适应，也就是说它的性质是由一定的社会结构和人对自然的一定关系这两者所决定。总的来说，马克思认为社会的精神文明对社会的生产力与生产关系起着巨大的能动作用，同时，精神文明反作用于生产方式的发展从而对物质文明的发展也起着能动作用。党的十八大以来，以习近平同志为核心的党中央总结了精神文明建设的历史经验，立足于改革开放和社会主义现代化建设的伟大实践，坚持以人民为中心，在继承马克思主义精神文明理论的基础上，提出了一系列新观点、新理念、新论断，在多次重要讲话中涉及精神文明建设的现实瓶颈以及实现路径，将精神文明视为实现中国梦力量凝聚的重要法宝，极大程度丰富和发展了马克思主义精神文明观。

二、新时代推动精神文明建设的重要理论指南

中国特色社会主义进入新时代，我国各项事业稳中求进，取得了重大成就。但同时伴随我国经济体制的变革、社会结构的变动以及利益格局的调整，这导致我国精神文明建设面临新的时代境遇。习近平总书记关于精神文明建设的重要论述包含丰富的新观点、新论断，不仅是对马克思主义精神文明观的继承、丰富与发展，同时也是对中国特色社会主义精神文明建设实践经验的深刻、系统总结。换言之，习近平总书记关于精神文明建设的重要论述，不仅为我国当前精神文明建设进行了思考和谋划，同时还为我国未来精神文明建设指明了方向和道路，开启我国精神文明建设的新境界、新视野、

新征程。党的十八大以来，习近平总书记从现实国情出发，提出了一系列提升精神文明建设的具体实施方案。2014年习近平总书记在主持十八届中央政治局第十三次集体学习时的讲话强调："要建立和规范一些礼仪制度，组织开展多样的纪念庆典活动，传播主流价值，增强人们的认同感和归属感。"① 习近平总书记还倡导发挥榜样的作用来引领整个社会的风气，指出："要充分发挥榜样的作用，领导干部、公众人物、先进模范要为全社会做好表率、起好示范作用，引导和推动全体人民树立文明观念、争当文明公民、展示文明形象。"② 总的来说，习近平总书记不仅对新时代精神文明建设可能遇到的问题做出预测，同时还对如何推动精神文明建设提出策略，构建宏伟的设计蓝图和总体规划。

三、为世界其他国家精神文明建设提供中国方案

改革开放四十多年来，中国经济发展迅速，综合国力显著增长，人民的物质生活水平得到不断提高。随着时代发展，国与国之间的经济、政治、军事、外交等方面的联系不断加强。世界上200多个国家和2500多个民族已经形成了你中有我、我中有你的人类命运共同体。随着经济一体化和文化的交流与传播，全世界已经成为一个紧密联系的整体，不同的精神文明形态呈现出人类文明整体的相关性，任何国家和民族的精神文明建设实践都离不开其所处的人类精神文明。习近平总书记认为当前推进整个社会乃至全世界的精神文

---

① 习近平：《习近平谈治国理政》，外文出版社2014年版。
② 习近平：《在会见第四届全国文明城市、文明村镇、文明单位和未成年人思想道德建设工作先进代表时的讲话》，《人民日报》，2015年3月1日。

明建设，不仅需要当今时代的科学理论知识，同时还需要运用中国几千年来的中国智慧、中国力量和中国方案，进而推动全世界的精神文明建设进程。促进不同文明之间相互尊重、和谐共处，让文明交流成为增加各国人民友谊的中间桥梁、维护世界和平的纽带，携手解决人类所面临的各种挑战。习近平总书记关于精神文明建设的重要论述，对于世界各国家和地区以及国际社会构建同呼吸、共命运的人类命运共同体，推动全世界范围的精神文明建设，具有重要启发意义。作为一个命运共同体，每一个国家、地区和民族都应该放眼世界、胸怀人类，不断完善各国公民的思想道德建设和科学文化建设，制定和建立强有力的精神文明建设制度体系，采取切实可行的精神文明建设政策措施，将精神文明建设置于关乎民族和人类未来的高度。道路要前进，理念要先行，只有这样才能广泛凝聚起世界各国和地区人民的力量，同舟共济、携手同行，全面提升人们的文化水平，丰富人们的精神世界，最终实现个人的全面自由发展以及全人类的和平发展、共同发展、永续发展。①

第五节 新时代增强精神文明建设工作的文化力量

党的十八大以来，习近平总书记关于精神文明建设工作发表了一系列重要论述，立意深远、内涵丰富，不断开拓中国共产党关于精神文明建设的新视野、新境界、新思路，为实现中华民族伟大复

---

① 谭文华：《论习近平生态文明思想的基本内涵及时代价值》，《社会主义研究》2019年第 5 期。

兴的中国梦提供理论基础和实践指引。当前，文化元素逐渐成为民族凝聚力和创造力的重要源泉和不竭动力。文化是一个国家、一个民族的灵魂，凝聚着本国本民族对世界和自身的历史认知和现实感受，展现着国家和民族最为深沉的精神追求和精神标识。文化自信的探寻和建立正如人类社会一般，不断向前发展，文化自信作为一种文化心理，也是伴随社会进程的推进而不断增强。从这个意义上，坚定文化自信对于推进精神文明建设工作具有重要意义。精神文明建设工作是一项旨在提升市民精神生活、丰富市民精神世界的系统工程，具有融入性、渗透性、全民性等基本属性。因此，精神文明建设工作应当结合物质文化、精神文化、制度文化、行为文化等文化形态，从凝聚价值理念、完善制度保障、注重实践体验、丰富文化载体等方面入手，增强精神文明建设工作的文化力量，提升精神文明建设工作的实效性和针对性。①

一、凝聚价值理念：增强精神文明建设工作的精神引领

当前，随着我国社会生产力水平的极大提高和社会供给能力的显著增强，个人需求呈现指数升级态势，人们不仅在物质层面有着更高的期待和追求，也更为迫切地渴望提升自身的文化内蕴和精神境界。对此，精神文明建设工作应当凝聚价值理念，以丰富人民精神生活为中心，以坚定理想信念为核心要义，以推进公民道德建设为根本，积极培育和践行社会主义核心价值观，增强精神文明建设工作文化力量的精神引领。

---

① 冯刚：《增强高校思想政治工作的文化力量》，《思想理论教育》2017 年第 7 期。

第一，以丰富人民精神生活为中心。精神文明建设工作应当始终坚持以丰富人民精神生活为中心。历史唯物主义揭示了人类的历史既是物质生成的历史，同时也是物质生产者的历史。人民群众的实践活动，不仅体现了历史发展规律和趋势，还决定了历史发展的方向和结局。习近平总书记在中共中央政治局第28次集体学习时强调："要坚持以人民为中心的发展思想。"[①] 经过40多年的改革实践，人民群众对精神文明的需求与日俱增。对人民群众进行现代生活观念的引导，对人民群众社会主义伦理道德的熏陶，始终坚持以人为本，尊重人民主体地位和首创精神，把广大人民根本利益作为出发点和落脚点，这也就要求激发人民群众参与精神文明建设工作的热情和意识。习近平总书记指出："抓精神文明建设要办实事、讲实效，紧紧围绕促进人民福祉来进行。"[②] 推进社会精神文明建设工作的目的是维护和实现最广大人民群众的根本利益，随着物质水平的不断提高，人民对精神文化的需求以及自身思想道德素质的需求也必然不断增长，这也就需要精神文明建设实践提供丰富多彩、积极向上的文化产品和文化精品，以不断丰富人民精神生活，增强人民精神力量，促进人的自由全面发展，满足人民群众多样化的精神文化需求。

第二，以坚定理想信念为核心要义。精神文明建设工作应当始终坚持以坚定理想信念为核心要义。理想信念支配着一个人的思想理念和价值取向，使人产生积极向上、顽强拼搏的决心和斗志，是

---

① 习近平：《立足我国国情和我国发展实践 发展当代中国马克思主义政治经济学》，《人民日报》，2015年11月25日。

② 习近平：《人民有信仰民族有希望国家有力量》，《人民日报》，2015年3月1日。

每个共产党人精神上的钙。在中国特色社会主义进入新时代的历史方位下，坚定理想信念，不仅是共产党人终其一生的精神追求，也是共产党人安身立命的根本所在。一个国家，一个民族，要同心同德迈向前进，必须有共同的理想信念作支撑。马克思主义作为科学的世界观和方法论，作为新时代中国特色社会主义发展的灵魂和旗帜，为中华文化传承基础上的创新发展提供了崭新视角。立足新时代中国特色社会主义，用马克思主义的科学思想、方法去看待问题和解释问题，这是马克思主义永葆生命活力的关键所在，也是精神文明建设工作的题中应有之义。因此，推进精神文明建设工作，应当结合共产主义信仰和中国发展大势，将理想信念的丰富内涵与深刻意蕴与人们的日常生活紧密联系，将厚植爱国情怀融入坚定理想信念当中，广泛开展理想信念教育，在广大人民心中牢固树立共产主义的远大理想和中国特色社会主义的共同理想，是新时代精神文明建设工作需要的根本任务和重要环节。

第三，以社会主义核心价值观为遵循。精神文明建设工作应当始终坚持以社会主义核心价值观为根本遵循。2014年习近平总书记在北京大学考察时提道："核心价值观承载着一个民族、一个国家的精神追求，是最持久、最深层的力量。"2022年习近平总书记在中国人民大学考察时进一步强调："广大青年要做社会主义核心价值观的坚定信仰者、积极传播者、模范践行者，向英雄学习、向前辈学习、向榜样学习，争做堪当民族复兴重任的时代新人，在实现中华民族伟大复兴的时代洪流中踔厉奋发、勇毅前进。"① 社会主义核心价值观作为文化软实力的重要组成部分,以凝练的表达反映了中国特色社会主义先进文化的深刻追求,是中华儿女在长期历史实践过程中所积淀锻造而成的精神信仰和道德追求,也是中华优秀传统文化在当代中国的观念表达和精神凝结,影响着个体或群体的思想观念和价值取向,为中国特色社会主义发展提供了正确的精神指引和强大的精神动力。可以说,人们只有对自己的价值观充满自信,在情感上共鸣,在心理上敬畏,才能在实践中更加笃定地践履。因此,在实践过程中,全面展现社会主义核心价值观在文化形态中的独特地位和现实意义,凸显其应有的价值自信和时代价值。推进精神文明建设工作,积极培育和践行社会主义核心价值观,不仅是政府和国家的职责和责任,也是每位民众都应当努力践行的精神引领和价值遵循。

二、完善制度保障:增强精神文明建设工作的稳步推进

精神文明建设工作的实施过程直接关系到主体、客体、载体、环境等各要素,是一项多维度、连续性的系统工程。在推进精神文明建设工作的过程中,制度的安排与设计直接关系到实际效果。精神文明建设工作要特别避免出现实效不强、进程缓慢的现象,制度文化的建设尤为重要,精神文明建设工作离不开制度的规范和制约。文化理念是制度保障的内在源泉,制度保障是文化理念的外在规范。

---

① 《习近平在中国人民大学考察时强调:坚持党的领导传承红色基因扎根中国大地 走出一条建设中国特色世界一流大学新路》,中华人民共和国中央人民政府网,2022年4月25日。

增强精神文明建设工作本身就需要制度保证，优秀的文化环境一旦凝聚和体现为制度，形成制度优势，也就会自然具有连续性、稳定性和传承性。

第一，建立系统的制度网络。建立系统的制度网络的基本要求，是根据精神文明建设工作的基本内容和实施现状，从而建立起各个方面的规章制度。唯有如此，才能在推进精神文明建设工作的实践过程中，形成疏而不漏、较为完备的制度网络。当前，为保证制度网络的形成和推进，可以从三个方面加强制度建设，一是对已有的但仍不够完善的制度实施补救工作，使相应的制度更加完善和全面。二是抓好制度设计的更新工作，体现人文关怀，彰显人性光辉，以使相应的制度更加符合管理要求和实施要求。三是做好制度的新建工作，面对新形势、新情况和新特点，制度网络也要与时俱进、及时更新，通过良好制度保障唤起正能量，激发新动能，使制度保障的盲区、盲点得以消除和解决。

第二，建立严密的监督制度。制度的产生，源于对组织运行规律的理解和瞻望。在推进精神文明建设工作的过程中，制度网络的形成只是为人们提供了一定的法定依据和现实遵循，要想确保制度的实施和落实，要将制度化的规范和要求内化为人们的自觉行动和实践指引。因此，依靠建立严密的监督制度能够更为有效推动精神文明建设工作。监督制度的表现形式多种多样，常见的有对制度执行情况的抽查、执行制度情况结果的考核，等等。通过建立严密的监督制度，提升人民群众在推动精神文明建设工作的参与感和获得感，使人民群众真正成为精神文明建设工作的主人翁和参与者。

第三，建立严明的奖惩制度。奖惩制度作为精神文明建设工作的延伸和终端，是保证其他制度切实可行的有力屏障和重要环节。奖惩制度主要通过表扬或批评的形式得以体现。党的十八大以来，面对城市精神文明建设工作的迫切要求和现实情况，党中央通过颁发相关规章制度，如《关于推进诚信建设制度化的意见》《关于深化群众性精神文明创建活动的指导意见》等，使精神文明建设工作的顶层设计日渐完善。① 通过建立严明的奖惩制度，用法律的强制性来推动精神文明建设工作，支持和肯定人民群众对推动精神文明建设工作的不懈追求，制裁和惩罚严重违反推进城市精神建设中的不良行为和违法行为，用法治手段和制度力量促进文明行为养成，维护和保障社会思想道德底线，强化社会成员的价值意志，使精神文明建设工作的总体要求和具体内容真正深入人心。

三、注重实践体验：增强精神文明建设工作的实质飞跃

归根结底，精神文明建设工作是要提升人民的精神素养和丰富人民的精神世界，因此，必须深入了解人们的思想实际和变化规律，在日常实践活动中寻求把握其思想状况、发展需求等现实境遇，也就是要更好地发挥精神文明建设工作过程中行为文化的育人功能。

第一，满足人民群众的精神文化需求。随着中国特色社会主义进入新时代，精神文明建设工作应当立足社会主义初级阶段的基本国情，根植社会主义现代化建设的伟大实践，准确把握人民群众精神文明需求和发展变化的特点。精神文明建设工作要满足人民群众的精神文化需求，关注人民群众的价值追求和利益关切，找准与提

---

① 张晓松：《构建复兴伟业的精神坐标》，《人民日报》，2017 年 9 月 30 日。

升人民群众精神生活需求的交汇点，推动文化事业和文化产业的稳步发展，打造人民易于接受、高度认可的文化产品和文艺精品，以精品力作满足人民的精神文化需要，丰富人民的精神生活和提升人民的精神状态，激发精神文明建设工作的内生动力。当前，由于成长环境、生活条件、存在状况等方面的具体性因素以及人们主体精神生活的层次性，人民群众的精神文化需求是丰富且具有差异的。为了更好地满足人民群众的精神文化需求，应当在实践过程中全面了解人民群众的精神生活追求和实际生活条件，不断创作群众喜欢、群众欢迎、群众满意的文化产品、文化作品和文艺精品，实现以情感人、以理服人和以文化人的效果。值得注意的是，精神文明建设工作应当结合精神文明的内在逻辑构成和层次结构，以及人民群众的认知规律和心理特点，对不同层次的人民群众给予不同的实施方案和涵养路径，推动精神文明建设工作朝着良好的方向不断前进和发展。

第二，贴近人民群众的日常生活方式。坚持以人为本，贴近实际，贴近生活，贴近群众，努力提升精神文明建设工作的针对性和实效性，是精神文明建设工作的基本原则和重要指南。要使精神文明建设工作的具体要求落到实处，就需要广大群众的广泛参与，需要各种各样的社会活动作为载体。因此，要善于运用创建文明城市、文明村镇、文明单位等活动，挖掘人们身边的生动案例和榜样示范，借用小故事讲好大道理，使人民群众不仅在思想认识层面有所提高，同时还可以在日常行动和实践活动当中得以巩固和强化。要善于运用网络技术、自媒体等手段传播社会正能量和弘扬社会正气，站在时代前沿，引领风气之先，最大限度唱响正气之声，充分提升审美情趣和精神世界，强化精神文明建设工作的价值引领功能。

第三，丰富人民群众的社会实践活动。精神文明建设工作归根到底是提升人们精神生活和精神境界的一项系统工程，因此必须深入了解人民群众的思想实际，了解人民群众的思想状况和变化规律，在人民群众日常实践活动中寻求把握其思想状况和存在的问题，以此更好发挥行为文化的育人功能。推进精神文明建设工作的关键和落脚点在于行动。行动文化有不同的形态，如义务劳动、志愿服务、慈善活动、学雷锋活动等，都是重要方式和可行路径。人民群众在各类实践活动中展现的互帮互助、无私贡献的精神品质，收获的是自我价值实现的获得感和满足感，这本身也是对精神文明建设工作的生动诠释，更是对精神文明建设工作的实践落实。行动是价值认同和价值内化的重要路径和最终归宿，因此要以行为文化和实践活动作为推进精神文明建设工作的重要抓手，提高精神文明建设工作的有效性和实践性。在推进精神文明建设工作的过程中，以实践活动为抓手，将精神文明建设的价值理念转化为受众的行动指南和价值共识。此外，在丰富人民群众的社会实践活动的过程中，还要兼顾国家、社会和个人的利益诉求，调动和激发受众的主体性和积极性，通过开展丰富多彩的知识讲座、文体活动、艺术表演等，确保精神文明建设工作的持续深入推进。

四、丰富文化载体：增强精神文明建设工作的方式创新

习近平总书记指出："通过积极探索和创造更多更加贴近实际、贴近群众、贴近生活的有效载体，使精神文明建设活动开展得有声

有色、富有实效。"① 文化是一种深沉、广泛、持久的力量,推进精神文明建设工作离不开文化滋润和文化滋养。增强精神文明建设工作要充分运用文化的特点,创建和运用文化载体,丰富文化育人的内涵,彰显文化育人的优势,不断提升其亲和力和影响力,达到日用不觉、潜移默化的效果和影响。②

第一,增强精神文明建设工作的文化滋养。宣传精神文明建设工作的已有成就,增强精神文明建设工作的文化滋养,促成精神文明建设工作的日常化、大众化和生活化,是新时代推进精神文明建设工作的重要任务。现实生活中,由于受到地域文化、传统思维、经济实力等现实因素的制约和影响,精神文明建设工作在推进的过程中面临严峻现实挑战。因此,要想推进精神文明建设工作的时代进程,必须使人民群众在潜移默化、润物无声的文化滋养中自觉将各类思想理念和价值取向内化为自身坚实的思想基础和科学的行为指南,这是应对现实多重挑战的可行路径。一方面,在优秀文化滋养中加强日常行为习惯养成。人是社会关系的总和,现实的个体总是生活在一定的文化环境当中。文化对于个人的影响是深远持久的,个人无可避免会受到"文化"潜移默化的感染和熏陶。因此,尊重不同区域人民群众的生活方式,运用人民群众喜闻乐见的文化宣传方式,使人民在文化生活中持续受到优秀文化资源的滋养,对于个人养成科学的日常行为习惯具有重要意义,对于精神文明建设工作的推进也具有现实作用。另一方面,在优秀文化滋养中矫正不良日

---

① 习近平:《之江新语》,福建人民出版社 2007 年版。
② 王振:《重大疫情应对中增强宣传思想工作的文化力量》,《思想教育研究》2020 年第 3 期。

常行为习惯。一定群体、民族的文化传统和文化习惯一旦形成，就会内化为人们的思想理念和外化为人们的实践指引。优秀的文化滋养，对于人民群众矫正不良日常行为习惯具有重要的指导意义，对于全面提升城市文明程度和有效推进城市精神文明建设工作具有重要的时代价值。

第二，丰富精神文明建设工作的文化载体。推动精神文明建设工作，需要结合人民群众的劳动生活实际，积极运用人民群众喜闻乐见的文化载体。一方面，立足于中华优秀传统文化资源。立足于我国传统文化的发展脉络和精神实质，尊重文化自身的发展规律，守住中华文化本根，实现马克思主义同中华优秀传统文化的有机融合，依据实践活动的发展不断总结新经验、提出新观点、开拓新视野，这是激发文化活力、提升文化力量、增强文化自信、推动精神文明建设工作的必由之路和应有之义。要积极探求中华民族文化基因、精神标识与精神文明建设工作之间的内在关系。充分运用中华优秀传统文化资源，为精神文明建设工作提供历史积淀和现实支撑，使得人们在文化认同的基础上增强人民群众的认可和信任。另一方面，丰富精神文明建设工作的文化载体。推动精神文明建设工作，要结合不同的时代背景和对象特点，创建具有针对性的文化载体。尤其是在互联网盛行的新媒体时代，通过生产要素有效整合、管理手段共融互通，打造一批具有强大影响力、竞争力的新型主流媒体。拓宽人民群众精神文化创建活动的网络空间，将线上与线下人民群众精神文化创建活动紧密结合，是当前推动精神文明建设工作的重要着力点。

第三，创新精神文明建设工作的文化手段。推动精神文明建设工作，需要充分理解文化的根本特性，创新运用文化手段，全面提升文化的现实影响力和时代感召力。一方面，把握人民精神追求，增强人民情感共鸣。推动精神文明建设工作，可以创设一个特定的文化环境，它需要符合人们的文化心理和文化需求，使人们在特定的文化环境中产生一定的文化自觉和文化认可，并在此基础上激发人们的情感共鸣和价值认同，帮助人们在自己的文化认知体系中自觉内化宣传教育内容。另一方面，宣传社会楷模，树立社会典范，增强城市文明建设工作实效。人们日常生活方式的快速转型和急剧变化给城市居民精神文化生活带来积极或消极的影响，[①] 而道德模范作为精神文明建设的重要旗帜，他们身上往往凝结着中华民族的传统美德、崇高精神、优秀品质等，能够有效激发和唤醒人们的思想认同和情感共鸣。各类先进典型作为时代先锋、社会典范、群众楷模，尽管他们所处的时代背景不同，工作岗位不同，具体事迹也不同，但其所承载和蕴含的思想内涵和精神特质却是深刻一致的。通过弘扬道德模范的高尚品格和优秀品质，引导人们自觉向道德模范学习和效仿，争做美好生活的创造者、文明风尚的维护者、崇高道德的践行者，从而提升人们的文明素养，增强文明建设实效。

---

① 童世骏等：《我们时代的精神文化生活》，上海人民出版社 2019 年版。

第三章

守正创新高校思想政治教育

伴随着高校教育工作的不断改革与持续发展，高等教育体系对于大学生思想政治教育越来越重视，通过分析高校思想政治教育所面临的新背景、新问题，对于新时代大学生在理想信念教育、科学思维培养以及社会责任引导等方面具有重要作用。全面探讨高校思想政治理论课教学实效性提升的现实思考、新时代大学生社会心态的具体表现及培育路径、功利主义思潮对当代大学生的影响及有效引导、以文化人视角下传统家训文化涵养大学生价值观的当代思考等重要问题，有助于增强大学生对马克思主义中国化时代化进程中高校开展思政工作所面临的现实机遇和挑战，对于新时代大学生的思想政治教育工作有着宝贵的教育价值。

第一节　高校思想政治理论课教学实效性
提升的现实思考

随着信息技术的发展和手机等移动终端的普及，互联网已经渗透大学生日常生活的各个方面。面对大学生成长微环境的变化和思想政治教育场域的变更，高校思想政治教育工作应顺势而为、积极应对。要想全面提升高校思想政治理论课的实效性，必须准确把握客观社会环境复杂化带来的挑战、大学生关注热点多样化带来的挑战，提高站位，明确创新思维方式是提高思想政治理论课教学实效性的重要途径，并以福建农林大学开展思想政治理论课为样本，全面探索高校思想政治理论课实践教学模式。

一、高校思想政治理论课教学实效性提升面临的挑战

思想政治理论课是政治性、理论性和实践性都很强的课程，对引导大学生认同社会主义核心价值体系、识别和抵制各种错误思潮、促进大学生健康成长成才等方面具有特殊重要的意义。然而，伴随各种价值观、社会思潮的渗透，使思想政治理论课在大学生中的话语权遭遇弱化的挑战。这些挑战主要来自三个方面：

（一）客观社会环境复杂化带来的挑战

在经济全球化背景下，西方的文化渗透加速，"去意识形态化""去政治化"和"意识形态终结论"的错误倾向在人民大众的精神文化生活中的影响不可忽视。意识形态是一定阶级利益的观念表现，阶级性是意识形态的本质特征，只要世界上存在着资本主义和社会主义两种不同的社会制度和价值体系，就必然存在着马克思主义意识形态和非马克思主义乃至反马克思主义意识形态之间的斗争。所谓"去意识形态化""意识形态终结论"等观点的本质是"去社会主义化"。有的学者不断地在用西方的话语体系和概念来取代马克思

主义的内容，用西方的价值观指导学术研究，用西方的文化理念来影响大学生，"去意识形态化"等错误倾向在大学生中存在影响，我们必须保持警惕。同时，各种社会思潮也对高校思想政治理论课教学带来挑战。历史唯物主义认为，经济基础决定上层建筑及意识形态。经过40多年的改革开放，我国已形成了以公有制为主体、多种所有制经济共同发展的基本经济制度。反映到上层建筑意识形态上就必然是一元主导（以马克思主义为指导）、多元并存的系统架构。当前，中国社会各种思潮异常活跃，新自由主义思潮、保守主义思潮、历史虚无主义思潮、功利主义思潮等错误思潮从各个方面对社会主义主流意识形态提出严峻的挑战。由于社会思潮是建立在一定的社会心理基础之上的，具备某种相应的理论形态并在一定范围内具有相当影响力，大学生缺乏对各种思潮产生背景及其本质的认识，有的人会不加分析、不加筛选地全盘接受，干扰了他们对社会主义核心价值体系的认知、认同和践行。

此外，由于思想政治理论课在教育理念、教育内容、教育方式等方面还需要进一步改进和完善，这在一定程度上也弱化了思想政治理论课对大学生的引导功能。只有正视这些客观问题，才能从根本上找到解决这些问题的思路和对策。

（二）大学生关注热点多样化带来的挑战

随着社会生活的发展和信息传递的迅捷，大学生关注的热点问题呈现出多样性和纵深性等特点。他们对马克思主义理论等相对较为宏观抽象的问题表现出极大热情，对改革开放以来我国体制转型与社会深刻变化充满关注，同时对于自身如何适应充满机会与挑战的现实环境感到困惑。了解大学生关注的热点问题，从而把握其在成长成才过程中的思想动态，能够为进一步创新思想政治理论课教学思维方式，增强思想政治理论课的针对性和实效性提供参考和依据。

对马克思主义理论的关切。在当前国际国内复杂环境的背景下，马克思主义、社会主义、资本主义等理论问题引发大学生的思考，如为什么必须坚持马克思主义的指导地位，为什么中国必须要走社会主义道路，中国特色社会主义新时代新在哪里，为什么要丰富和发展二十一世纪中国的马克思主义，为什么说新发展理念开拓了中国特色社会主义政治经济学新境界等。这种关切是当前国际国内大环境在大学生头脑中的反映。各个国家实现现代化的进程，绝不仅仅只有一种实现方式、一条道路、一种模式。① 中国式现代化展现了现代化的另一幅图景，为人类对更好社会制度的探索提供了中国方案。那么，如何对生产力尚不发达的社会主义做出切合实际又符合客观规律的评价，成为大学生在马克思主义基本理论方面的困惑与关注热点。

对中国改革开放的关切。改革是一个利益格局调整的过程。中国 40 多年改革开放取得的成就举世瞩目，然而今天在经济飞速发展的同时各种社会问题也依然存在。作为以"00 后"为主体的大学生，一方面，他们享受着改革开放带来的生活水平的提高与社会环境的宽松，成长道路大多较为平坦和顺利；另一方面，国家的快速发展和改革中的社会问题也以各种形式渗透到校园中，成为大学生的关注热点。大学生普遍关注的热点问题，一方面是中国改革开放

① 胡伯项：《中国式现代化道路与人类文明新形态》，《光明日报》，2022 年 7 月 27 日。

面临的国际环境，如中美关系、中俄关系、中国的国家安全、中外文化交流等；另一方面是国内的重大时事问题，如全面从严治党问题、医疗保障制度改革问题、网络安全与网络民意问题、可持续发展和生态文明问题等。[①] 他们带着迷惑与责任，关注着改革开放以来取得的成就与出现的问题，他们谈论的内容涉及方方面面。社会的巨大变迁让大学生自觉不自觉地把自己的命运与国家的发展紧紧联系在了一起。如何科学引导大学生正确认识改革开放取得的成就和存在的各种社会问题，是思想政治理论课肩负的重要任务。

对自身发展前景的关切。就业难是当下社会普遍存在的一个问题，也是大学生最为关注的自身发展前景问题。就业观取决于他们的人生观和价值观，表现为他们的专业取向与学习时间分配。在市场经济条件下，人力资源的配置也要遵循市场规则。大学毕业生就业制度改革后，大学生就业自然要走向市场，参与市场竞争。高校不断扩招导致的供大于求加大了大学生的就业压力，而毕业生的就业期望值偏高、高校学科建设滞后于经济社会发展、用人单位重文凭轻能力等因素也挤压了就业空间，使得就业问题不仅极大困扰着大学生，更受到了整个社会的关注。除此之外，人际交往问题、恋爱问题、考研问题以及由此引发的各种心理问题也成为大学生的普遍困扰。如何引导学生树立正确的人生观、价值观，解决他们的现实困惑，是创新思想政治理论课思维方式、提高感染力与亲和力的迫切需要。

---

① 徐曼：《当代大学生关注的思想热点问题探析》，《思想政治课研究》2017 年第 6 期。

二、创新思维方式是提高思想政治理论课教学实效性的重要途径

针对上述情况，思想政治理论课不能回避社会环境复杂化以及大学生关注热点问题多样化对教学实效带来的影响。正视和应对这些问题，需要从多方面入手，而创新思维方式不失为一种有益尝试。

（一）注重目标思维，引导大学生正确看待社会现实问题

所谓目标思维，即确立教学目标后，根据学生的思维方式来调整自己的思维方式和教育方式，注重思维方式的指向性和层次性，以达到教育者与学生共鸣，从而达到教育目的。大学生是一群正在成长的青年，随着文化层次的提高和生活空间的扩大，他们的思维空间急剧延伸。但由于他们不少人的世界观、人生观尚未成熟，价值观念又具有极大的可塑性。思想政治理论课教师必须了解大学生的思维方式，熟悉他们的思维习惯，注重换位思考，根据他们的现有思维方式来调整自己，采取相应的教育教学方式，达到在思维同构中使教师传授的信息方式与学生接受方式和接受水平相一致，[1] 引导学生理性看待人民日益增长的美好生活需要和不平衡不充分的发展之间的矛盾，理性看待社会主义初级阶段的长期性艰巨性，理性看待与发达国家相比我国发展面临的科技瓶颈，理性看待整治形式主义、官僚主义、享乐主义和奢靡之风是一项长期而复杂的任务，等等。以大学生能够理解的思维方式，用中国化时代化的马克思主义理论，科学解释中国与西方发达国家存在的客观差距，理性说明

---

[1] 叶飞霞：《耗散结构与改革开放中的社会主义意识形态》，《南京理工大学学报》（社会科学版）2009 年第 2 期。

新时代取得的伟大成就，客观分析中国改革开放中出现的问题。只有讲明白这些道理，思想政治理论课才能真正把理论与现实紧密结合起来，才能引导学生理性看待社会现实问题，理解我们正在进行的中国特色社会主义建设，从而有效达到教育教学目的。

（二）坚持开放思维，在尊重差异、包容多样中弘扬社会主义核心价值观

开放思维是改革开放时代的要求。作为思想政治理论课教学内容的马克思主义理论是吸收和借鉴人类思想和文化发展中一切有价值的成果而形成的，它是开放的体系，而"绝不是离开世界文明发展大道而产生的一种固步自封、僵化不变的学说。"① 在改革开放背景下成长起来的大学生，对社会各种思潮及价值观的需求具有明显的开放性，他们不满足于唯书唯上的思维模式，以理论能否解决现实问题、能否获得普遍认同为价值尺度，而互联网的普及和舆论的自由放大了学生的开放性接受偏好，这就决定了开放思维应该成为思想政治理论课教育教学的基本思维方法。坚持开放思维，一是指思想政治理论课知识体系的开放性。可考虑把哲学、社会学、经济学、心理学、美学等学科知识有机融入教学，在更为广博的知识体系与理论平台基础之上阐述中国化的马克思主义的科学性，增强课程体系的深度与广度。二是指思想政治理论课教学内容的开放性。社会主义意识形态涵盖的范围和领域越广，它的影响力和公众认同度就越大。"马克思主义是不断发展的开放的理论，始终站在时代前沿。马克思一再告诫人们，马克思主义理论不是教条，而是行动指

① 《列宁选集》第2卷，人民出版社1995年版。

南，必须随着实践的变化而发展。""因此，马克思主义能够永葆其美妙之青春，不断探索时代发展提出的新课题、回应人类社会面临的新挑战。"① 马克思主义主动吸收其他有益思潮的合理因素，这是马克思主义自我丰富、完善和发展的需要，但指导思想绝不能搞多元化。教育者可以根据学生的开放性接受偏好特点，对各种社会思潮进行理性分析与客观评述，提高学生判断是非曲直的能力，在教学内容的开放性中切实提高社会主义核心价值观引领多样化社会思潮的能力。这里需要强调的是，坚持开放思维，并不是指在课堂教学中可以任意宣讲传播各种反马克思主义的错误观点和腐朽思想，相反，对这些错误观点和腐朽思想，要深入揭露其本质和危害，帮助大学生自觉抵制，坚定中国特色社会主义理想信念。三是指思想政治理论课传递方式的开放性，除了教师主讲的传统模式外，教育者还要善于利用现代多媒体教学、讨论辩论式教学、情境体验式教学等多种方式，形成信息多维立体传递。学生既是观点的接受者，同时也是观点的提供者和传递者。在开放式的讨论与争鸣中，学生能更清楚地认识到各种社会思潮与价值观的产生背景、演变过程及对中国特色社会主义的影响，认识到以社会主义核心价值观引领社会思潮的必要性，从而提高学生对社会主义核心价值体系的自觉接受和主动践行，使教学的实效性得到增强。

---

① 习近平：《在纪念马克思诞辰二百周年大会上的讲话》，《人民日报》，2018 年 5 月 5 日。

（三）把握辩证思维，让马克思主义理论在释疑解惑中得到认同

辩证思维是马克思主义方法论的基本要求。理论大众化的程度，取决于理论满足大众需求的程度。运用辩证思维方法释疑大学生的各种困惑，是提高思想政治理论课感染力和实效性的重要方式。一是要注重引领力度与学生接受程度的统一。大学生的思维方式往往与自身的经历经验、文化背景和知识结构密切相关，又与其对思想政治理论的接受水平密切相关。在思想政治理论课教学中，既要坚持用社会主义核心价值体系教育和武装大学生，又要考虑到不同学生认知水平和思想素质的差异，把科学理论的内涵具体化、形象化，以大学生熟悉的语境，感性地表达理性的观念。同时避免教学内容的重复与陈旧，注重把理论研究的前沿动态和最新成果融入课堂，唤起学生的求知欲望，以鲜明的针对性和时代性增强思想政治理论课内容的新鲜感和吸引力。二是注重引导角度与学生成长规律的统一。思想政治理论课的有效性不仅蕴含在其理论的科学性中，还蕴藏在对现实问题的解答与指导中。思想政治理论课对于帮助大学生树立科学的世界观和方法论，促进大学生的全面发展和健康成长起着无可替代的作用。为了提高思想政治理论课的实效性，教育者必须全面了解时代和环境对大学生的学习、成才、生活、就业及心理的影响，把握他们崇尚自立自主而群体意识相对薄弱、主张独立思考又容易困惑迷茫的主体特征，注重教学内容贴近实际、贴近生活、贴近学生，做到引导角度与学生成长成才规律的统一。比如，对于学生最为关切的就业问题，教育者要引导学生摆正位置，调整心态，积极面对挫折，帮助学生从容、冷静地面对就业这一人生重大课题，

做出正确、理智的选择。只有真正回应学生关切，让他们感受到了马克思主义理论在释疑解惑中的意义与价值，才能消除学生对思想政治理论课的疏离情绪，思想政治理论课才能在学生的广泛认同中增强说服力，提升话语权。

三、高校思想政治理论课实践教学模式的当代探索

素质拓展教育是提高高校思想政治理论课实效性的有效途径。高校思想政治理论课开展的素质拓展教育与通识教育既有共性又各有侧重。高校思想政治理论课开展素质拓展教育具有三个方面的优势：主流声音凝聚共识，具有政策优势；教师队伍学缘丰富，具有师资优势；回应学生的社会关注，具有认同优势。基于此，可以在思想政治理论课"一主多辅"模式方面开展素质拓展教育的有益探索。通过专题教学与问题教学相结合、线下教学与线上教学相结合、教师主导与学生主体相结合的"三结合"，提升主课堂的教学质量；通过开设系列公共选修课以满足学生个性发展的需求、充分利用网络教育资源为师生提供便捷的交流平台、组织读书沙龙培养大学生读书和思考的能力、开展社会实践提升学生的理论认知水平等多种途径，形成辅渠道的立体延展。这一模式的创新点主要体现在：在教育内容的立体延展性方面实现了思想政治教育与学生兴趣的融合，在教育主体的团队共享性方面实现了校内外优质教育资源的整合，在教育组织的协同育人性方面可以实现"大思政"视角下的各部门联动。

我国高校的思想政治理论课教学是宣传和贯彻中国共产党的执政理念、培养德智体美劳全面发展的社会主义建设者和接班人的主

渠道。改革开放以来，党中央先后出台 10 多个关于学校思想政治工作的文件，对思政课建设提出明确要求，不断推动思政课改革。目前，高校开设的思想政治理论课程主要包括《思想道德与法治》《中国近现代史纲要》《马克思主义基本原理》《毛泽东思想和中国特色社会主义理论体系概论》《习近平新时代中国特色社会主义思想概论》《形势与政策》等必修课程。党的十八大以来，以习近平同志为核心的党中央高度重视青少年健康成长。2019 年 3 月 18 日，习近平总书记在学校思想政治理论课教师座谈会上指出，青少年是祖国的未来、民族的希望。青少年阶段是人生的"拔节孕穗期"，这一时期心智逐渐健全，思维进入最活跃状态，最需要精心引导和栽培。习近平总书记还强调要推动思想政治理论课改革创新，要不断增强思政课的思想性、理论性和亲和力、针对性。要坚持政治性和学理性相统一，价值性和知识性相统一，理论性和实践性相统一，统一性和多样性相统一，主导性和主体性相统一，灌输性和启发性相统一，显性教育和隐性教育相统一。① 办好思政课，就是要开展马克思主义理论教育，用习近平新时代中国特色社会主义思想铸魂育人。因此，积极探索素质拓展教育与思想政治理论课教学的有机整合，通过延伸课堂教学的时间和空间、丰富教学方式和手段等途径进一步增进学生的思想政治理论认同和提高思想政治理论课的实效性，已引起越来越多业内学者的关注。

---

① 《习近平主持召开学校思想政治理论课教师座谈会》，《人民日报》，2019 年 3 月 19 日。

（一）高校思想政治理论课开展的素质拓展教育与通识教育的异同

20 世纪 80 年代以来，随着素质教育在我国的推广实施，高校面对大学教育目标功利化、教育过程零碎化等问题的挑战，希望通过开展通识教育加强具有健全人格、善于独立思想的学生个体的培养，从而回归大学教育的本质。事实上，通识教育作为一种教育理念，并非近代的新生事物，而是在中西方都具有悠久的历史渊源。古希腊先贤亚里士多德在其《政治学》中提出，自由教育应纯粹以"使用闲暇从事理智活动"为目的。① 亚里士多德的自由教育理论成为西方通识教育的源头。在我国古代，无论是古代教育要求的"礼、乐、射、御、书、数"之"六艺"，还是《中庸》提出的"博学之、审问之、慎思之、明辨之、笃行之"，都体现了儒家教育在人的培养目标上所追求的完整人格。我国近代教育家蔡元培提出的"五育并举"、王国维提出的"完人教育"等理念，都彰显了通识教育在近代中国教育理念中的落地与发展。在当代，通识教育作为打破专业壁垒、实现大学生个性自由发展的重要渠道，越来越受到我国高校的重视。

作为高等教育研究领域的一个研究热点，通识教育一开始就与思想政治教育结下了不解之缘。高校思想政治理论课开展的素质拓展教育，是在思想政治理论课主渠道外通过系列选修课程、沙龙讲座、网络平台、实践活动等促使大学生提升思想修养、认同核心价值观的一种教育形式。这种教育形式与通识教育各有特点，既具有

---

① 〔古希腊〕亚里士多德：《政治学》，陕西师范大学出版社 2022 年版。

共性又各有侧重。就目标而言，高校思想政治理论课开展的素质拓展教育与通识教育有异曲同工之处，即注重对真、善、美的追求，强调促进个体的全面发展。所不同之处是，由于高校思想政治理论课就是落实立德树人根本任务的关键课程，是进行社会主义核心价值观教育以及帮助大学生树立正确世界观、人生观、价值观的核心课程，所以相应地，思想政治理论课开展素质拓展教育在兼具通识教育目标与理念的同时，必须紧紧围绕思想政治理论课肩负的重大任务。因此，在教育目标和教育内容上，高校思想政治理论课开展的素质拓展教育比通识教育更具引导性和针对性，更侧重于促进大学生全面了解中国国史国情、了解当代国内外形势、认同中国特色社会主义的科学内涵。

（二）高校思想政治理论课开展素质拓展教育的优势分析

与通识教育相比，我国高校思想政治理论课开展的素质拓展教育具有更强的政治性、理论性和实践性，对促进大学生身心健康成长更具特殊意义，特别是在以下方面具有优势。

一是主流声音凝聚共识，具有政策优势。意识形态属于上层建筑，是经济基础的必然反映。在当前经济全球化、文化多样化、社会信息化的大变革时期，要巩固全国人民实现中国梦的共同理想基础，意识形态工作尤为重要。尤其是对高校而言，更要加强话语体系建设，打造融通中外的新概念、新范畴、新表述，讲好中国故事，传播好中国声音。① 为此，2015 年中央宣传部、教育部印发的《普

---

① 中共中央文献研究室：《习近平关于全面深化改革论述摘编》，中央文献出版社 2014 年版。

通高校思想政治理论课建设体系创新计划》明确指出，要"结合思想政治理论课程学习，组织学生开展形式多样的文化艺术活动，举办马克思主义理论学习沙龙"，"围绕思想政治理论课热点、难点问题，组织开展全国高校学生系列主题理论学习讨论会，让学生围绕一些模糊认识在讨论中增进价值认同、增强理论自信"。① 2020 年《教育部等八部门关于加快构建高校思想政治工作体系的意见》也明确强调，高校思想政治工作要"坚持社会主义办学方向，以立德树人为根本，以理想信念教育为核心，以培育和践行社会主义核心价值观为主线，以建立完善全员、全程、全方位育人体制机制为关键，全面提升高校思想政治工作质量"。② 为了进一步加强对高校思想政治理论课的宏观指导，《高等学校思想政治理论课建设标准（2021本）》对高校思政课的领导体制、工作机制、机构建设、专项经费、课程设置、教材使用、实践教学、教师选配、师德师风等都进行了明确的规定。③ 总之，高度重视意识形态建设工作是中国共产党的优良传统。尤其是党的十八大以来意识形态工作的不断深入与推进，以及高校对思想政治教育的日趋重视与支持，都为思想政治理论课开展素质拓展教育提供了强大的政策保障和良好的环境氛围。

二是教师队伍学缘丰富，具有师资优势。高校思想政治理论课任课教师大多都具有政治学、经济学、法学、历史学、哲学、教育

---

① 《中央宣传部 教育部关于印发〈普通高校思想政治理论课建设体系创新计划〉的通知》，中华人民共和国教育部网，2015 年 8 月 17 日。
② 《教育部等八部门关于加快构建高校思想政治工作体系的意见》，中华人民共和国教育部网，2020 年 5 月 12 日。
③ 《教育部关于印发〈高等学校思想政治理论课建设标准（2021 年本）〉的通知》，中华人民共和国教育部网，2021 年 12 月 16 日。

学等学科专业背景，学缘结构丰富。根据这一师资优势，思想政治理论课开展的素质拓展教育，可以通过整合校内外优质师资力量，使相关教师以团队合作的形式参与系列公共选修课和系列读书沙龙讲座的开设以及大学生社会实践活动的组织和指导，并利用 QQ 群、微信平台、线上资源等网络教学形式与学生进行广泛、及时的沟通与交流，从而形成"以教师为主导，学生为主体"的素质拓展教育模式，充分发挥教师的学缘优势。思想政治理论课任课教师学缘丰富的优势以及团队合作形式所形成的学科交叉优势的充分发挥，可以使素质拓展教育的风格更加生动活泼。这样，一方面能够发挥思想政治理论课任课教师的学缘潜能，使教师在与学生的教学交流中不断发现问题并有针对性地解决问题，从而找到教学与科研的契合点，实现教学相长；另一方面能够缓解教师在教学过程中出现的职业倦怠情绪，使教师在学生的积极回应和热情参与中得到成就满足。

三是回应学生的社会关注，具有认同优势。当前，大学生对中国社会的转型与变迁充满关注，他们关注的社会问题不仅呈现多样化趋势，而且具有向纵深发展的特点；同时，他们对自身如何适应充满机会与挑战的现实环境也深感困惑。与此同时，我国经济的快速发展使整个社会群体对经济问题的关注超越了对意识形态的关注，而大学专业设置的高度分化和细化以及网络信息的海量与零乱都导致大学生在知识获取过程中碎片化倾向明显。面对如此纷繁复杂的现实社会，传统的思想政治理论课教学往往受课时、大班上课、授课专题等因素的制约，难以应对新时期大学生的困惑与疑虑。这就为素质拓展教育提供了大有作为的广阔空间。素质拓展教育可以运用丰富的线上线下资源、利用与现实社会紧密联系的校内校外实践，通过师生间零距离、多视角的交流，拓展大学生的理论视野，提升大学生的思考、判断能力。思想政治理论课开展的生动活泼、自由平等的素质拓展教育能够较好地契合学生的授受偏好。这不仅有利于引导学生认识到思想政治理论的深刻及其指导实践的力量，提高大学生对核心价值观的认同感，而且有利于提升思想政治理论课的感染力和认同力。

（三）高校思想政治理论课开展素质拓展教育的探索

在此，借用在福建农林大学开展的思想政治理论课探索"一主多辅"模式为例，对高校思想政治理论课开展素质拓展教育进行具体的讨论。"一主"，即加强思想政治理论课主渠道建设，紧紧围绕"立德树人"的课程主旨，提升显性教学的理论魅力。"三辅"，即以系列人文选修课程、系列读书活动、网络学习平台三种模式拓展思政课的时间和空间，发挥隐性教育润物无声的潜移默化作用。

第一，注重"一主"的显性教育，把握课堂育人主渠道。主要体现在三个结合：

专题教学与问题教学相结合。思想政治理论课主渠道忠实于教材体系而又不拘于教材体系，实施专题式教学和问题式教学。教研室分章节集体备课，资源共享，并做到与中学政治课与历史课的有效衔接，专题式教学以问题为导向，侧重于引导学生对重大理论问题和相关现实问题的思考，从而使高校的思想政治理论课教学在深度和广度上比高中阶段相关课程的教学有了重大提升。同时，每门课都注重将地方特色元素尤其是红色革命文化有机融入课堂之中，将学生可触可感的身边人、身边事作为教学支撑，如在《中国近现代史纲要》中融入"千年未有之变局中的福建""三坊七巷里的家国情怀""福州的五四记忆""星火燎原：闽西苏区革命精神""毛泽东诗词中的福建党史"等微专题，让思政教育彰显地方特色，让课堂内容接地气、通人心。

课堂实训与课外实践相结合。学生以积极的心态主动参与高校思想政治理论课教学，是吸收新知识、建构新价值观的最有效方式。这就要求高校思想政治理论课教学应集理论性与实践性于一体，教学内容要契合学生的需求、直击社会热点。课堂实训模式的实施要求任课教师必须具有广博的知识、包容的理念以及较强的课堂驾驭能力，因为任何一个教学目标的实现都离不开教师的理性判断与价值引导。充分调动学生在课堂内外的参与意识，课堂实训将学生分为若干小组，以主题发言、时事播报、情景剧、口述历史、开卷有益等形式，采取"问题导入法""案例讨论法""角色扮演法"组织课堂的互动教学。"问题导入法"对每个专题均以问题链形式组建，帮助学生搭建课程的逻辑框架，实现教学的知识目标；"案例讨论法"通过小组讨论课程案例，提高学生分析问题的能力与沟通交流的能力，实现教学的技能目标；"角色扮演法"通过历史人物的角色扮演，消解学生的历史距离感，使学生在换位思考中与历史人物产生共情共鸣，促成教学情感目标的潜在实现。同时，注重课外实践包括校内公益活动及社团活动、课外基地实践及社会调研等，通过探究式、体验式、演练式学习，提高学生的实践创新能力和理论认知水平。社会对大学生的要求，不仅是要掌握一定的知识，更要具备一定的实践经验和强大的创新能力。《教育部等八部门关于加快构建高校思想政治工作体系的意见》强调，要"把思想政治教育融入社会实践、志愿服务、实习实训等活动中，创办形式多样的'行走课堂'"。① 高校不仅要为大学生的创新创业提供理论支撑，更要为大学生的创新创业搭建能够施展能力的平台。因此，高校思想政治理论课在开展素质拓展教育的过程中，注重通过开展校外实践促进大学生对思想政治理论的深入理解。例如，高校积极与农村基层组织、企业、街道、社区、法院、行政机关、博物馆和纪念馆等单位部门合作，共同建立稳定的思想政治理论课社会实践基地，从而保证了思想政治理论课课外社会实践的连续性和长期性，为大学生更好地认识问题和思考问题提供了良好的学习和实践环境。

线下教学与线上教学相结合。在传统课堂进行线下教学的同时，各门思政课均使用了现代教育工具。课前以教学智慧工具为支撑，通过发布预习资料与习题，营造"智慧课堂"；课中以参与式学习策略为导向，通过师生互动、生生互动、学生与教学资源的互动活动，营造"探讨课堂"；课后以素质拓展为驱动，通过在线交流，了解学生的知识掌握情况并加以纠偏，再通过发布课外延伸阅读资料、组织学生撰写读书和实践报告等，实现教学的有效分层，营造"反思课堂"。

第二，拓展"三辅"的隐性教育，发挥思政元素的润物无声作用。"三辅"主要指三种辅助教学渠道，具体为：

辅助一：开设系列公选课。加强高校公共选修课的建设，为大学生提供更加多样化的自主学习空间，既是学生作为教育需求者的应有权利，也是高校作为教育供给者应尽的责任。而对高校思想政

---

① 《教育部等八部门关于加快构建高校思想政治工作体系的意见》，中华人民共和国教育部网站，2020年5月12日。

治理论课在开展素质拓展教育过程中开设的系列公共选修课而言，要体现促进学生全面发展的教育理念，更要注重紧紧围绕培养大学生成为合格社会主义接班人的核心目标。福建农林大学先后开设了《名人与近代中国》《中国梦与世界文明梦想》《福建近代历史与文化》《福建红色文化概论》等 10 余门公共选修课。系列公选课紧紧围绕思政主渠道，对课堂相关知识点进行广泛延伸，拓宽学生的知识图谱。如《名人与近代中国》选取有重大影响的中国近代历史人物，以点带面，多角度、深层次展现了风云变幻的中国近代历史；《中国梦与世界文明梦想》把中国梦放在世界文明大背景下进行阐释，分析了对各国实现文明梦想经验教训的借鉴；《当代中国与世界》关注了当代中国的现实问题，对实现中国梦的国际环境进行了分析；《福建近代历史与文化》致力于让广大青年更加深入了解具有多元性、矛盾性、海洋性鲜明特征的福建近代历史与文化，深化爱国爱乡的福建精神；《福建红色文化概论》系统讲述在新民主主义革命的激情燃烧的岁月里，福建人民用生命和鲜血铸就了辉煌的历史丰碑，为中国革命胜利和新中国成立做出的巨大贡献；等等。总之，这一系列公共选修课在教学内容上都紧紧围绕思想政治理论课的核心内容，在教学形式上采取团队专题授课方式，从而通过生动、丰富、视野宽广的选修课教学为学生提供了培养兴趣爱好和发展个性特长的富有弹性的学习空间，通过充分发挥课程教学的引导性和正能量为学生提供较为全面了解国史国情与当代世界的平台。

辅助二：定期开展读书活动。组织读书沙龙，培养大学生读书和思考的能力。高校思想政治理论课开展素质拓展教育，可以通过组织形式多样的读书沙龙，如可以依托大学生党课、青年马克思主义研究会、学生学术论坛等，不定期地开展读书沙龙活动；也可以通过建立学生读书会，组织学生围绕教师推荐的书目进行读书心得的交流，以进一步加强大学生读书和思考能力的培养。主要读书平台可以有读书赛高会、思想者读书沙龙、青年马克思主义读书会、习近平新时代中国特色社会主义思想读书社、教学名师工作室等。以福建农林大学为例，我们邀请校内外名师主讲马克思主义经典著作、哲学社会科学方面的名著名篇等，取得了良好的效果，受到学生的普遍欢迎。主题有"永恒的经典——《共产党宣言》导读""《习近平的七年知青岁月》导读""马克思主义信仰的磅礴力量""当前中国面临的外部环境与新时代发展大战略""百年来中国共产党的优良传统和作风""习近平在闽工作系列采访实录解析"等。对这些经典著作的深入解读，不仅使高校的思想政治教育变得生动活泼，富有魅力和感染力，而且有利于激发学生主动思考，从而提升学生的思想政治理论认知水平和批判精神。此外，读书沙龙活动也强化了高校读书、求知、思考的文化氛围，实现了思政课与校园文化、社会实践相结合的模式创新，使学生感知经典、思考时事、谈古论今，提升学生的思维能力。

辅助三：构建网络学习平台。充分利用网络教育资源，为师生提供便捷的交流平台。网络教育的迅速发展给传统教育行业带来了革命性变化。网络传播的快捷性、灵活性、海量性减少了大学生对教师的依赖，但鱼龙混杂的信息又增加了大学生的盲目性和非理性。因此，充分并合理利用网络资源对传统的课堂教学进行完善和补充，已成为许多高校思想政治理论课开展素质拓展教育的新举措。网络教育资源包括线上"慕课"教学、师生 QQ 群、微信互动平台等。

其中，线上"慕课"教学在有限的课堂教学之外，为学生打通了一条随时与教师沟通交流的渠道；师生 QQ 群具有交流平等、交流时间自由等特点，可以通过热点讨论、好书推荐、每周话题等形式，加强学生思考能力和质疑精神的培养；微信群除了提供快速便捷的交流形式之外，由于学生必须实名加入，教师可以通过在线交流更有针对性地推送最新的国内国际热门话题，所以在引导学生价值认同方面具有独特的优势。总之，高校思想政治理论课开展素质拓展教育应充分发挥网络平台的优势，使网络教育资源与思想政治理论课相得益彰。实践证明。网络阵地建设已成为加强师生互动、增强中国特色社会主义理论认同、扩大思想政治教育主渠道的有效途径。

（四）高校思想政治理论课开展素质拓展教育的创新点分析

培育和践行社会主义核心价值观，"要通过教育引导、舆论宣传、文化熏陶、实践养成、制度保障等，使社会主义核心价值观内化为人们的精神追求、外化为人们的自觉行动"。[1] 为此，高校思想政治理论课开展的素质拓展教育在教育内容、教育主体、教育组织等方面都进行了一定的实践创新。

首先，在教育内容的立体延展性方面实现了思想政治教育与学生兴趣的融合。思想政治理论课"一主多辅"模式的素质拓展教育，以培养大学生的理论认同为出发点，以调动学生的学习兴趣为切入点，在教学内容上注重对中国近现代和当代社会发展相关知识背景的立体延伸，取得了良好的成效。例如，组织开展的读书沙龙活动以名著为抓手，对思想政治理论问题进行"点"上的深刻解读；开

---

① 习近平：《在文艺工作座谈会上的讲话》，《人民日报》，2015 年 10 月 15 日。

设的系列公共选修课对相关理论与现实问题进行了线性梳理；建立的"思想者"QQ群和微信平台以及开展的社会实践活动等，充分利用了新兴媒体的快捷性和社会生活的开放性等优势，使大学生获得了许多丰富生动的教育资源。高校思想政治理论课开展的素质拓展教育通过视角广阔的教育内容、平等自由的交流形式，化解了学生的学习倦怠，提升了学生的求知热情，从而实现了思想政治教育与学生学习兴趣的融合，在教育内容上形成了促进大学生全面发展、增强大学生理论认同的立体延展性创新。

其次，在教育主体的团队共享性方面实现了校内外优质教育资源的整合。无论是在思想政治理论课主课堂教学质量的提升方面，还是在素质拓展教育辅渠道的立体延展方面，"一主多辅"模式不仅整合了校内思想政治理论课教学的师资力量，还邀请了校外名师的加入，充分发挥校内外教师的学缘特点和学术专长，在教育主体的团队共享性方面实现了最大化的优质教育资源共享。例如，开设的系列公共选修课采取团队式教学，每位任课教师根据自己的研究专长进行1~2个专题的深入讲解；组织的读书沙龙活动，凭借其时间安排和主题设定的灵活性邀请到许多校内外专家加盟；网络教育平台也积极邀请由任课教师和相关专家组成的团队参与，采取轮流值班的方式及时对大学生进行在线引导；开展的大学生社会实践依托与合作单位共建的实践基地，获得了来自合作方的优质教育资源，从而使大学生能够融入农村、社区、企业等进行亲身体验并与生动鲜活的社会现实直接对话。

再次，在教育组织的协同育人性方面实现了"大思政"视角下的各部门联动。高校思想政治理论课开展的素质拓展教育的具体实施不能只是依靠教学部门，而需要在"大思政"视角下实现各部门的联动。为此，"一主多辅"模式在开展素质拓展教育的过程中，一方面，由学校主导，在"大思政"视角下，加强了教务处、学生处、团委、党校、宣传部等职能部门的有机联动；另一方面，由开设思想政治理论课的学院负责，对师资的整合、经费的支持、设备的完善、部门的沟通等进行协调，同时充分发挥各教研室在创新教学理念、策划教学内容、开拓教学形式等方面的重要作用。学校在各部门协同育人管理模式上的实践创新，有效保证了思想政治理论课的教学秩序，使"一主多辅"模式素质拓展教育赢得了学生的广泛参与并得以顺利进行；激发了思想政治理论课教学基层组织的活力，促进了教学基层组织功能的重建和提升；实现了对教学效果的跟踪与反馈，使素质拓展教育能够更加有效地满足学生的需求、回应学生的关切。

　　总之，高校思想政治理论课开展素质拓展教育，有利于解决好学生兴趣与教学内容异性表达的矛盾，激发课程的活力；解决学生学科知识感性认知与理性梳理的矛盾，培养学生的思维能力；解决学生学习诉求不断扩大与教学课时有限的矛盾，延展课堂教学的空间，提升学生综合素养。

第二节　新时代大学生社会心态的具体表现及培育路径

　　我国正处于社会转型的关键时期，大学生社会心态主流上是健康的，但也存在一些问题。大学生良好社会心态的培育，既要做好宏观层次上的调控，也要从微观层面掌握大学生社会心态的波动纪律。加强大学生社会心态研究的现实意义，主要体现在有助于大学生的思想道德素质，实现大学生的社会角色转变以及实现大学生个人自由全面地发展。

社会心态是指在一定时间内弥漫在整个社会或某个特定群体的宏观社会心境状态，同时也是整个社会的行为意向、情绪基调的总和。换言之，就是人们在日常生活中面对重大事件或突发事件所表现出来的、具有普遍意义上的情感倾向和认识倾向。社会心态被认为是社会发展的"晴雨表"，同时也被当作社会文明程度的"晴雨表"。因此，关注社会心态的发展方向也能够把握社会文明程度的趋势。社会心态对人的言语以及行动有直接的作用，同时也影响着整个社会的行为方式和价值取向。[①] 当前，大学生的社会心态总体上说是积极向上的，但也存在一些问题。因此，我们要加强对大学生良好社会心态的引导和培育。

一、新时代加强大学生社会心态研究的现实意义

党的十九大报告提出，"中国共产党人的初心和使命，就是为中国人民谋幸福，为中华民族谋复兴"，还明确指出了社会心态培育和社会心理服务的方向，提出"加强社会心理服务体系建设，培育自尊自信、理性平和、积极向上的社会心态"的要求。[②] 党的二十大

---

① 杨宜音等：《当代中国社会心态研究》，社会科学文献出版社 2013 年版。
② 习近平：《决胜全面建成小康社会 夺取新时代中国特色社会主义伟大胜利——在中国共产党第十九次全国代表大会上的报告》，人民出版社 2017 年版。

报告进一步明确提出："全党要把青年工作作为战略性工作来抓，用党的科学理论武装青年，用党的初心使命感召青年，做青年朋友的知心人、青年工作的热心人、青年群众的引路人。"① 良好的社会心态是精神文明建设的一个方面，也是实现和谐社会的前提和基础。

（一）大学生良好的社会心态有助于提升其思想道德素质

大学生良好的社会心态包括自信、进取、执着、贡献、宽容等积极向上的品质。即在社会交往中能够与他人保持良好的人际关系，具有良好的环境适应力和调节能力，能够较好地控制自身的情绪等。这些既是培育当代大学生良好社会心态的重要内容，也是提高当代大学生思想道德素质的主要方式。大学生只有在清醒认识自我的基础上，接纳自我，愉悦自我，并以积极向上的心态去对待生活，坦然面对挫折与困难，才能养成良好的思想道德素质。由此可见，个人良好的社会心态是提高思想道德素质的前提，而提高思想道德素质是形成良好社会心态的重要保障。

（二）大学生良好的社会心态有助于转变其社会角色

社会角色指的是人们在社会生活中与其身份象征与社会地位保持一致并且具备相对完整的权利、义务的行为模式。社会生活当中的每一个人都被赋予多重社会角色，人们身份改变的同时也会带来社会角色的转变。大学生在社会角色转变的过程当中，是否能够完成思想观念以及社会角色的转变，受他们个人社会心态的直接影响。良好的社会心态会形成相对客观、全面的认知。反之，则会形成较

---

① 习近平：《高举中国特色社会主义伟大旗帜 为全面建设社会主义现代化国家而团结奋斗——在中国共产党第二十次全国代表大会上的报告》，人民出版社 2022 年版。

为单一、片面的认知。大学生在转变过程当中应当准确、客观地分析自己，不断提升个人的综合素质，只有大学生养成健康向上的社会心态，才能更好地推动其个人社会角色的转变。

（三）大学生良好的社会心态有助于其自由全面发展

大学生能够得到全面发展往往以自我和谐发展为前提，而自我和谐发展取决于个人身心的健康程度。人生的道路漫长且曲折，每个人的生活都会遇到不同的困难与险阻，但由于每个人的社会心态及应对方式有所不同，因此每个人的经历感受也会有所差异。从某种意义上来说，大学生的社会心态决定了他们当前甚至未来的为人处世方式以及个人的精神状态。如果遇到挫折时能够迎难而上，以积极的心态去解决，困难也往往会迎刃而解，学习上、生活上也将取得进一步发展。

二、新时代大学生社会心态的具体表现

大学生社会心态是基于特定的社会环境形成的，不仅受到社会情绪、社会价值观的影响，而且还反映了当前高校教育中存在的问题。因此，加强大学生社会心态的有效培育，是构建社会主义和谐社会的坚实基础。

（一）政治态度积极，但有人人际关系冷漠

当代大学生在政治态度方面更加进取和成熟。大学生普遍比较关心国家政局的稳定以及国家的发展走向，逐渐学会从中国国情出发，比较客观、全面地看待问题、分析问题。政治态度积极还表现在当代大学生主动积极参与社会治理与社会监督。近年来，通过网

络媒体等途径就社会问题发表个人看法的人数逐步增加，其中，发表理性的认识和看法的大学生也明显增多。值得注意的是，一方面，大学生在政治参与方面表现得十分积极；另一方面，在的大学生对待社会人际关系却比较冷漠。导致出现这种社会心态的原因可能是因为刚步入大学，个人生活都相对独立，拥有个人的生活空间和学习空间，因此疏远了与他人的人际关系。大学时期是他们步入社会的一个过渡阶段，由于他们还没意识到自身的社会性，所以更加注重个人的感受。除此之外，当今社会网络迅速发展也加重了大学生人际关系冷漠的程度，大学生往往更愿意借助网络平台交流，造成了对真实世界的忽视，从而可能引发人际关系危机。

（二）有人负面情绪多与价值取向功利化

目前我国正处于社会转型的关键时期。房价、医疗等社会问题被网络媒体大肆渲染、夸大报道，从而对当代大学生的社会心态造成一定程度上的冲击，导致有人负面情绪增多。大众传播媒介是大学生了解社会现实问题的重要渠道，但是网络信息错综复杂，具有一定的迷惑性和误导性。大学生的身心仍处于发展阶段，对于情绪的控制仍然不强，容易受到外界环境的影响，并且由于认知水平有限，更容易产生负面情绪。当前大学生面临学业上、就业上的多重压力，从而容易产生消极的情绪。另外，有的大学生的价值取向也呈现功利性的特点，极个别甚至为了个人利益可以用毫无底线的方式去达成目标。大学生的思想观念以及行为模式容易受到外界因素的影响。在信息化时代的今天，新闻报道和社会舆论对大学生的价值观有着显著的影响。大部分学生会从中汲取教训和经验，以此来约束自己的行为，而有些大学生则被不正确的价值观所影响，导致出现急功近利的倾向。

(三) 有人竞争意识增强，有焦虑浮躁心理

竞争是市场经济的重要法则之一。竞争也逐步渗透到经济社会的各个层面，对大学生的行为选择和价值取向有着深刻的影响。在竞争中生存、在竞争中发展，已成为当代大学生普遍的社会共识。家庭中，父母对子女往往寄予了殷切的期望，这就促使大学生在成长的过程中养成勇于挑战、敢于竞争的心理素质，以便在社会中谋求更好的发展。但伴随当代大学生竞争意识增强的同时，有人也呈现出了焦虑浮躁的心态。浮躁，即轻浮急躁、心浮气躁、漂浮躁动。① 社会总是处于不断变化发展之中，总是有一些人跟不上社会发展的步伐，从而产生紧张感。当代大学生深处紧张的生活和学习氛围，由于对未来的不确定性，从而容易引发焦虑浮躁的心态，在学习上表现为不为知识为学分，不愿专心深入学习；事业上表现为渴望一步到位，期望一举成功。这种焦虑浮躁心态与当今迫切需要奋斗精神的社会现实是格格不入的。可见，焦虑浮躁心理已经成为当代一些大学生形成良好心态的一大阻碍。

三、新时代大学生社会心态的形成原因分析

社会心态形成的原因既有社会因素也有个人因素。一般来说，新时代大学生社会心态的形态，受多元文化思潮带来价值多元影响，也与主体自身特点导致认知偏差、网络信息时代诱发双重影响不无

---

① 王丽萍：《中国转型期社会焦虑问题的研究现状及展望》，《理论学刊》2011 年第 10 期。

关系。

（一）多元文化思潮带来价值多元

文化对人的心理塑造具有重要影响。近年来，随着社会转型以及生活方式的多样化，我国对外交流增多，西方各种社会思潮以及文化也随之传入，并对中国特色社会主义文化造成了冲击，有的大学生在潜移默化中受到了影响，由此形成的思想文化具有多样性以及矛盾性的特点，难以形成统一的道德标准。原有的价值观在社会变革的过程中发生了变化。一方面，中国特色社会主义文化仍然占据主导地位，对大学生的社会心态形成具有重要的决定作用；另一方面，各种西方社会的文化以及价值观念也对大学生产生了深刻的影响。除此之外，西方敌对势力企图利用我国的对外开放战略，推进自身的文化霸权主义，推动大学生的价值取向个人主义倾斜，企图用西方的个人主义来取代国内社会主义的价值观念，以此来削弱大学生对中国特色社会主义的信念。当代大学生具有强烈的求知欲，但自身的阅历不足，因此容易被看似新颖的社会思潮所迷惑而误入歧途。

（二）主体自身特点导致认知偏差

大学生社会心态之所以会出现上述表现，也与大学生这一群体的内在特点有关。首先，他们敢于接受新事物、新观念，对新生事物的接受能力强，但由于生活经验和社会阅历不足，导致有一部分大学生对新生事物的认知能力有所偏差。在当代多元价值并存的时代，有时难以做出独立、正确的选择和判断。大学阶段正处于青年成长的中间阶段，寻求自身的生活目标和意义成为这个时期的行为特点。有人往往从感性认识出发，按照以往并不丰富的经验和个人喜好进行是非判断和事情的解决。由于其自身特点所带来的认知偏差表现在他们对自身特别关注，自尊心很强。这种心理会导致他们在生活以及学习当中出现攀比和处处都要领先的现象。其次，在协调与他人的矛盾时，部分大学生缺乏独立、理性的个人思考，比较容易滋生暴躁心态和极端行为。最后，在自我发展的过程当中角色定位偏差，面对生活中的坎坷不平与利益诱惑，他们时常会陷入纠结和挫败心理不能自拔。

（三）网络信息时代诱发双重影响

网络化已经成为当今社会发展的一个重要内容和时代特征，而且网络的产生和发展给社会生产方式、生活方式以及人们思想观念带来了深刻的影响。网络在中国已经得到了较为广泛的应用，广大青年学生则成了最大网民群体。大学阶段是大学生世界观、人生观、价值观形成的重要阶段。这一时期他们学习能力强，但由于缺乏社会经验，他们的价值观念容易受到不同的思想观念以及生活方式的影响。尽管网络的便捷性以及交互性等技术优势与大学生渴望交流与分享的心理需求高度一致，但同时网络所带来的消极影响也不容忽视。首先，当代大学生对网络的不合理使用导致一些大学生变得焦虑、浮躁以及对社会、他人的不信任感增强。其次，网络虚拟环境的舆论氛围也导致部分大学生不良社会心态发展。第三，各种传媒方式，如部分影视、书刊也热衷于宣传西方社会的价值观念和生活方式，给部分大学生带来西方国家就是"极乐世界"的错觉。某些敌对意识形态甚至借助网络载体，打着"普世价值"旗号谋求垄断网络话语权，企图用网络话语霸权混淆大学生的认知判断，使有的大学生对主流文化和价值观产生怀疑和排斥。

四、新时代大学生良好社会心态的培育路径

当今大学生良好社会心态的培育，是一项全方位、多层次的工作，需要社会各界共同努力。

（一）宏观层面：国家战略部署

推动经济健康持续发展。马克思主义认为，人类史的真正前提是"一些现实的个人，这是他们的活动和他们的物质生活条件，包括他们已有的和由他们的活动创造出来的物质生活条件。"① 党的十九大更是结合我国经济发展的现实状况，提出了要全面建成小康社会以及建成富强民主文明和谐美丽的社会主义现代化强国的宏伟目标，其中重要的一步就是要实现经济健康持续发展。大学生社会心态的形成以生活中的物质基础作为前提，只有经济得到更好的发展，物质层面极大丰富，才能更好地满足大学生不断增长的物质文化需求。一方面，应当将富强作为我国经济建设的现实目标，通过经济的发展为大学生社会心态培育奠定良好基础；要实现富强，就必须在转变经济发展的过程中，加快完善社会主义市场经济体制，实现国家繁荣富强，社会和谐稳定，筑牢大学生社会心态培育的物质基础。另一方面，在大学生社会心态的培育过程中应当尊重学生的主体地位，保障大学生的合法权益，让大学生充分发挥其自主性和创造性，促成个人的自由全面发展。

建设社会主义文化强国。在大学生社会心态培育的过程中，对

---

① 《马克思恩格斯选集》第 1 卷，人民出版社 2012 年版。

中国特色社会主义文化的认同十分重要。社会心态究其根源是一种文化心理现象,大学生社会心态的多元化存在与矛盾性运行更是与文化的多样性有着密切的关系。文化作为一种强大的精神力量,对当代大学生的社会心态起着熏陶、塑造的作用。各种文化与思潮的相互交流与碰撞,中国的社会主义建设也因此面临更为复杂的社会环境,培育大学生良好的社会心态也面临更加艰巨的意识形态挑战。面对无可避免的文化全球化,各种社会思潮与文化的交锋更加频繁,文化在塑造大学生社会心态的作用和地位更加突显。只有深入建设社会主义文化强国,引领社会思潮,催生民族精神,进一步提升民族向心力和凝聚力,强化心态发展力,才能在日益多元的国际文化中独树一帜,掌握社会心态培育的话语权。

(二)中观层面:高校系统协助

完善高校师资队伍建设。高校教师的专业素养是教育质量的重要保障。就当前大学生心理健康的现实状况来看,部分高校的心理健康教育教师是由思想政治教育专业的教师或辅导员以及一些具有丰富经验的行政管理人员担任,专业性较强的教师相对缺乏。心理健康教育教师的匮乏已经成为当代部分高校心理健康师资队伍建设所面临的瓶颈。强化心理健康教师的专业素养是当代高校和相关教育机构的重要任务。首先,高校心理健康教师应提高自身专业水平,积极利用空闲时间学习心理辅导相关知识,为具体工作提供专业的理论指导,而不是凭个人经验和主观情绪办事;其次,高校心理健康教师应当树立积极的职业理想,增进其对教书育人这一目标的使命感和责任感,以自身坚定的职业信念感化学生,以个人独特魅力来引导学生;最后,高校心理健康教师也应提高自身的人文素养。

其人文素养不仅体现在职业道德以及职业理念上，同时还应当践行世界观、人生观、价值观。

营造友好温馨的校园氛围。社会心态是反映特定环境中人们的某种利益或要求并对社会生活有广泛影响的思想趋势或倾向，它揭示的是特定社会中人们的心理状态在一定时间和环境因素内的积淀。因此，营造友好的校园氛围，消除不良社会心态滋长的环境，为大学生提供良好的学习环境，是培育当代大学生良好社会心态的重要途径。友好温馨的校园氛围对大学生良好社会心态的培育有着至关重要的作用。一方面，以优秀校园环境作为载体的传播有利于形成温馨和谐的校园氛围；另一方面，良好的师生关系、同学关系也能够激发大学生的求知欲和上进心，形成奋发向上的积极心态。健康的校园文化对大学生的社会心态形成也起着不可忽视的作用。通过大学校园良好风气的传播，使每个学生都能够明辨是非，自觉抵御社会不良风气，从而使大学生将个人前途与国家命运紧密联系起来，保持良好社会心态，成为国家的栋梁之材。

（三）微观层面：个体自我提升

增强自我情绪管理与掌控。大学生群体心智尚未完全成熟，但对个人情绪的把握仍有一定的规律可循。如可以通过聆听音乐、参与户外运动、与朋友聊天等途径舒缓情绪压力。与他人交流、个人自我排解、负面情绪的转移都是增强个人情绪自我调控的有效方法。针对当代大学生所存在的心态问题，首先，应当加强大学生的社会适应力。在学习方面，应当树立明确目标，提高学习自觉性；在交友方面，要主动与他人交流，避免先入为主评价他人；在工作选择方面，应当树立正确的就业观念，以平和的心态对待择业过程当中所面临的难题和挫折。其次，还应当进行系统的耐力训练，提高耐力是一个长期的过程，但通过耐力训练可以增强自身的随机应变能力。最后，还应当树立坚定的信心和必胜的信念。大学生可以通过自我鼓励的方法，借助父母、老师的监督和引导，直面压力，憧憬未来。

树立正确积极的网络观念。伴随网络技术的蓬勃发展，高校学生必须习惯穿梭于现实生活与虚拟世界当中，否则就会出现心情抑郁、社交恐惧等心理问题。这不仅会影响他们的生活和学习，同时还会影响他们今后的工作和生活。因此，当代大学生面对网络中的众多信息，必须加以甄别，形成自己的一套价值判断和价值选择标准。首先，当代大学生应当提高自我认同。现在的部分学生之所以会沉迷于虚拟世界，是因为他们在现实生活中没有得到充分的肯定，因此渴求从虚拟世界中寻求认同。其次，提高自身心理素质。要区分网络世界和现实生活中的区别和差异，并在现实生活当中建立较为良好的人际关系。最后，应当培养积极的人生观。人生观指的是个人看待人生的观点，这对高校学生树立网络观具有一定的指导作用。

社会转型期的一系列问题，对当今大学生社会心态产生了重要的影响。关于大学生的社会心态培育，我们也应当清醒地认识到当代时代特征，推陈出新。

第三节　功利主义对当代大学生的不良影响
及有效引导

基于功利主义对于当代大学生的不良影响，应当从国家层面的部署、高校层面的落实以及个人层面的完善进行有效引导。

树立正确的价值观不仅关系到当代大学生自身的健康成长，更关系到大学精神的传承以及中华民族的伟大复兴。

一、功利主义与功利观的区别

"功利主义"最早成为哲学理论是由于边沁、穆勒等人的研究，其又常被称为古典功利主义。18 世纪西方国家伴随着工业文明的推进，功利主义在促进国家转型中发挥了不可磨灭的作用。直至今天，功利主义对西方国家的公共政策制定以及国家立法层次方面仍然具有较大的指导作用。[①] 伴随着"西学东渐"浪潮的兴起，功利主义也被传入了中国。但广大中国国民对功利主义的理解主要停留在生活中的权衡利弊得失、不讲道义只讲利益的生活行为方式。功利原意为个人或集团行为的实际效果对他人、自身乃至整个社会产生的实质性价值。[②] 功利主义属于伦理学的范畴，常指一个人或某个群体不考虑做事的出发点，甚至不考虑做事的手段和动机，单纯注重结

[①] 李青：《论"功利主义"概念内涵在中国语境中的变迁：兼论 utilitarianism 汉语译词的变化及厘定》，《同济大学学报（社会科学版）》2018 年第 1 期。

[②] 姚大志：《当代功利主义哲学》，《世界哲学》2012 年第 2 期。

果和该件事所带来的经济利益或其他利益，由此来增长个人的幸福度和快乐感。《剑桥百科全书》对"功利主义"的解释为"以增进福利为核心的道德理论"。[①]《哲学大辞典》对其的解释是"以实际利益为道德标准的伦理学说"。[②]

（一）中国传统文化中的功利观

功利主义不是基于中国本土社会环境所孕育的词汇，中国传统思想文化中也并未形成完整清晰的相关理论体系，从历史进程来看，功利观在中国却有着极其深远的历史渊源。从春秋战国到明末清初之际，都曾出现过"义利之辨"，如颜元的"正义谋利""明德计功"等功利主义思潮曾被广泛地运用于指导并解决当时的现实生活问题。我国传统文化中的功利观大多重视公利、民利，也就是主张利天下人的角度来作为评判一件事情善恶的尺度，大多反对唯私唯己的功利行为价值取向和行为准则；普遍认为在追求功利行为时应该受到道德规范的制约和限制，国外功利主义思想内涵则更加侧重于个人主义和利己主义的价值取向。

（二）西方思想文化中的功利观

西方功利主义思想的源流可以总结成实用主义和价值哲学。实用主义发源于美国，也被看作当今美国精神和美国官方哲学。实用主义一方面提倡不讲原则，只讲效果。把确定信念作为出发点，把采取行动作为指导方针。另一方面，实用主义认为哲学应当是"实践哲学""生活哲学"。真正的哲学应当是以人为中心的一门科学。

---

① 大卫·克里斯特尔著，丁仲华译：《剑桥百科全书》，中国友谊出版社 1996 年版。
② 冯契：《哲学大词典》，辞书出版社 1992 年版。

实用主义抛弃了世界观中唯物论前提，认为世间万物都应因人而异、具体问题具体分析。它不追究与人们现实生活当中无关的事物，而是将重心放在形而上学的本体论问题。价值哲学则是从马克思主义的主客体关系和实践观点所引申出来的价值观点，虽然不能完全等同于功利主义，但也可以看作对功利主义的部分肯定。价值哲学所探讨的两个基本问题的其一是世界对人来说是什么，这是一种规律性的关系，是认识反映客体自身的属性、结构、功能等。另外一个问题是世界对人来说应当是什么，这是一种合理性的关系，从个人的目的、需要等利害性的角度出发，揭示客体的属性、结构对个人的价值和意义。实用主义和价值哲学为功利主义的发展提供了较为坚实的理论基础。

二、当代部分大学生中存在的功利主义思潮

功利主义思潮对当代部分大学生的影响不是单方面的，而是多方面的。主要表现在学习目的、现实生活以及人际交往的功利主义倾向三个方面。

（一）学习目的的功利主义倾向

当代部分大学生的学习目的性明显且强烈。首先，表现在学习的目的性以及现实性强，在学习的过程当中缺乏长远的目光和对个人未来发展的考虑。在报考大学的时候出现非热门大学不选、非热门专业不读的现象。因此，大部分的学生在报考专业的时候往往集中在某类热门专业。其次，从大学生学习时间的分配来看，用于专业课的复习差不多只占到了全部学习时间的三分之一，大部分的学习时间还是用于学习电脑知识和准备职业资格证考试。① 目前，大学生最大的学习动机是为了获取实用的知识，以便能够在未来的生活中寻求一个满意的工作岗位。最后，在学习过程当中，内在动机和外部动机的有效结合能够最大程度上促进学生的学习。但当今部分在校大学生的学习动机都主要来自外部，内在动力明显不足，学习过程当中很少主动投身于这一过程中。个人缺乏较为远大和长远的人生理想，将学习仅仅看作未来谋生的积淀和积累，学习意义和学习目的存在一定程度的偏差，这必将影响到这部分大学生目前的学习效果以及未来长远的发展。

（二）现实生活的功利主义倾向

当代大学生现实生活中的功利主义倾向首先表现在对"实惠"的渴望，实惠可以理解成通过劳动给自己带来的实际效益，功利主义者更加重视个人的物质利益以及现实的经济收益，重视个人合法获得的利益。如果通过劳动实践并未获得预期的成果和收益，则会否定劳动过程和劳动结果，将其视为无价值的劳动。当代部分大学生在进行个人劳动的过程当中，很大程度上希望通过自己的劳动可以获得相应的利益，而不是考虑整件事情的综合效益。其次是对于金钱的迫切追求，表现为如果完成某个任务对于自己并没有直接物质上的利益，部分大学生很有可能会经过利弊权衡之后决定不去做。最后，个人利益和眼前利益成为部分当代大学生生活目标选择的主要出发点。部分当代大学生虽然愿为某种职业或事业做贡献，但他们不会遵从大公无私而损害个人自身的利益，个人利益的获得与满

① 肖建国等：《大学生功利化倾向及防范教育》，《思想教育研究》2012 年第 2 期。

足成为部分当代大学生的目标选择的出发点。①

（三）人际交往的功利主义倾向

人际交往是个人在社会当中的本质需求和基本机能，是人们进行社会活动的一种基本方式，是各种社会关系得以维系和发展的基础和前提。良好的人际关系是促进个人事业成功的重要条件，当代大学生对此都有着较为深刻的认识。部分学生在平常的交往过程当中有目的地、有意识地去建立某些关系，甚至在具体的人际交往关系上有些学生过分追求实惠，讲究实用。其一，在交往过程中经济化趋向表现明显，个人的生活支出当中用于维系人际关系的费用呈现逐渐递增的趋势，主要是将其用于同学聚会、请客送礼等人际交往活动当中，有时候维系日常人际活动的支出可能远远超出他们的实际经济承受能力。其二，在进行日常交往对象选择时，很大程度上从个人利益出发，以自我为中心。在校园中主要信奉着"以他人待我之道待人"，因此部分大学生都会优先考虑对自己目前或未来生活当中有一定好处的人，对于暂时没有明显好处的人，则不愿意主动去与其交往。其三，当代部分大学生与各级领导以及教师的交往过程当中，也逐渐呈现出经济化的趋势。良好师生关系的搭建应当是当代大学生建立的重要人际关系，但当前部分大学生在维护人际关系时，对经济化手段的解决方式更是常见，其带着浓厚的功利主义色彩。

---

① 王丽丽：《功利主义对当代青年价值观的影响及其探索途径》，《中州大学学报》2018 年第 1 期。

三、正确有效地引导当代大学生的功利观

当前功利主义思潮的发展虽然有了新的进展，但是其基本内涵和主要原则并没有发生实质性的改变，阶级属性也没有变化。因此无论是在国家层面还是高校层面，利用网络宣传、社会舆论等方式广泛传播马克思主义功利观，加强对大学生的思想政治教育，使得广大青年树立正确的功利观，是十分必要的。

（一）国家层面的部署

引导马克思主义功利观深入人心。马克思主义功利观的哲学基础是辩证唯物主义。这一哲学基础既坚持了从实际经验出发，又探索出现象的本质和规律的现实方法。[①] 马克思主义功利观的主体指向现实中的个人。现实的个人，既承认个人现实生活中的合理利益，又超越了经济人的"抽象性"和"片面性"。树立马克思主义功利价值观，一方面，明确马克思主义功利观与西方功利主义的区别和联系，正确对待，辩证地看待和认识，以加强学生对马克思主义功利观的理解；另一方面，也要在传播马克思主义功利观的过程中注重社会公平。在对其他非主流意识形态的思潮进行内容规范和引领时，应当与当代大学生的心理发展和政治诉求紧密结合，并将其转化为当代大学生的内在价值观。面对当前国际、国内新形势，国家必须巩固马克思主义在高校意识形态的主导地位，用科学的理论培养人，用正确的思想引导人。马克思主义功利观与社会主义核心价值观必然成为当代大学生价值观的选择。在当今社会，国家层面应

---

① 郝清杰：《马克思主义功利观及其当代价值》，安徽人民出版社 2010 年版。

当发扬集体主义精神，以更好地实现好维护好最广大人民群众的根本利益，实现个人利益和社会利益两者的有效统一。

对大学生价值观进行有效引导。党的十八大以来，习近平总书记从党长期执政、国家长治久安等高度对我国青年成长成才提出了一系列新论断，对"如何认识青年学生""如何引导青年学生""如何发挥青年学生作用"等重大问题的解答形成了一系列内涵丰富的思想理论体系。社会主义核心价值观是兴国之魂，也是社会成员进行学习和遵循的价值准则。因此，在当代大学生群体当中更应该加强理想信念和社会主义核心价值观等教育。国家层面对大学生价值观的塑造进行有效的引导具有强烈的现实影响。首先，在大学生的价值观建设中对真善美的事物应大力弘扬，激发广大学生积极向上的精神风貌，同时也应当对假恶丑的现象进行公开和批判，使得他们增强明辨是非的能力，让他们自觉承担家庭责任和社会义务，以斗志昂扬的精神面貌面对整个国家和社会，直视生活中的各项挑战和困难。其次，还应当从中华优秀传统文化的层次对大学生的价值观进行有效的引导，因为我国的历史文化源远流长、博大精深，教育效果强。国家应当对传统文化中的精华内容进行宣传和弘扬，使得广大学生可以从中华优秀传统文化中汲取有益成分。最后应当加大力度整治网络文化环境，构建和谐健康的网络环境，使得当代大学生能够自觉抵制不良成分，提高个人综合素质，完善人格。

（二）高校层面的落实

改革传统的思想政治教育方式。高校教育是大学生接受价值观教育最为直接的途径，大学生综合素质的高低与高校的教育好坏有着密不可分的关系。首先在教育方式上，高校应当更新教育方法。

以往的价值观教育方式过于单一，导致了学生对其积极性不高。改革教学方式，首先，应当运用学生比较容易接受的方式进行教育。比如进行演讲比赛或师生角色互换等，最大程度激发广大学生的学习兴趣。其次，教师在课堂教学过程当中应当紧跟时代步伐，充分发挥现代媒体的作用，丰富课堂内容和更新授课形式，开阔学生的视野和知识面。教师也应当注重学生在教学过程中的主体地位，加强与学生的交流和互动，使得广大学生成为课堂教学的主体。最后，应拓宽思想政治教育的渠道。比如，高校教师可以充分利用网络平台，为思想政治教育工作开辟新的渠道，并通过这些渠道可以及时接收学生的意见和反馈，实现和学生的及时互动和有效反馈；同时也为教育者掌握当代大学生的最新思想动态提供了新的途径。高校思想政治教育工作中应当抓住网络教育这一平台，为当代大学生提供新的交流平台。

提高高校教师队伍的整体素质。当前高校教师违背师德的现象时有发生，因此，高校教师的综合素质如何发展成为公众热议的问题。首先，高校应形成尊重教师、关心教师的良好氛围，给予高校教师一定的自主权，从而提高教师在工作当中的获得感、幸福感和安全感，充分发挥高校教师的工作积极性，切实提高教育教学质量。各大高校应当通过网络、电视等载体落实职业道德教育以及宣传先进的教育理念；同时通过表扬和奖励的手段逐步形成教师之间相互学习和成长的良好氛围，高校教师应当树立正确的教育观念，净化校园文化环境，从而实现教育水平的提高。其次，高校教师的整体素质将直接影响到大学生道德素质的高低，因此，要提高高校教师的整体素质，特别是负责高校思想政治理论课的教师，加强其政治立场的坚定性，全面提升教师的业务水平和自我道德修养，不断增强马克思主义理论课的教学实效性。最后，教师还应当注重自我道德修养。加强教师队伍的建设必须充分调动教师的积极性和自主性，让高校教师主动参与到师德建设的过程当中。教师也应当进行自我教育，对于功利观要有较为全面、客观的认识，自觉抵制功利主义消极思想的侵蚀。任课教师不仅要每门课程进行认真教学，同时还要培养自身的良好心态，在潜移默化的过程中给予学生积极、正面的能量。

（三）个人层面的完善

作为当代大学生，应当紧跟时代需求，明确时代使命和当代责任，提高辨别是非的能力，树立集体主义和正确的价值观，实现个人价值和社会价值、个人利益和集体利益相结合的良好转向。大学生可以拓宽自我教育的渠道，大学生群体可以广泛参与各类社会实践，在个人的亲身实践中认识国情，了解社会，增长见识，促进个人成才。从而加强对功利观的正确认识，并且用于自身现实生活的指导。

坚定大学生个人理想信念和价值养成。当代大学生在学习期间除了要扎实学好科学文化知识之外，也应当重视思想道德课程以及个人道德层面的践行。大学生能够得到全面发展往往以自我和谐发展为前提，而自我和谐发展取决于个人身心的健康程度。习近平总书记多次指出，青年一代有理想、有担当，国家就有前途，民族也才会有希望。理想指引人生方向，信念决定事业成败，没有坚定的理想信念，就很容易导致精神上的缺钙。① 要实现当代大学生对功利观的客观认识，就必须促使他们认真学习，并加强自我教育。通过学习进而加深认识，最终认清本质。学习期间应通过理性的思考和客观的分析，尊重自己内心的选择，明确自己的人生理想和人生追求，还应当紧密结合个人的兴趣爱好、所学专业以及个人条件等因素进行综合考察。要对自己的人生未来做短、中、长期三个阶段的整体规划，以明确自身的努力方向。一旦确立了自身的目标和理想，就不要轻易更改，可以结合现实条件和冲突做出相对应的调整，如果出现颠覆性的调整，则要对计划进行更为深入和细致的探索。青年的价值取向决定了整个社会价值取向的走向，而青年又正处于价值观形成和确立的关键时期，因此青少年的价值养成对于整个社会和国家的走向都有着十分重要的影响。②

中国特色社会主义事业是面向未来的事业，需要一代又一代人坚持不懈的努力和付出。当前高校教育中对大学生的价值观的引导和塑造起着至关重要的作用，它关乎当代大学生的成长成才和社会主义的未来。大学生因缺少社会实践和相关经验，容易受到某些消极因素的影响，因此需要国家、高校以及个人的共同努力，引导当代大学生群体树立正确的世界观、人生观、价值观。

---

① 《深入学习贯彻习近平关于青年学生成长成才重要思想，大力培养中国特色社会主义建设者和接班人》，《光明日报》，2017年9月8日。

② 中共中央文献研究室：《习近平关于青少年和共青团工作论述摘编》，中央文献出版社2017年版。

第四节 传统家训文化涵养大学生价值观的
当代思考

以文化人是新时代加强高校思想政治工作的重要举措，文化育人成为高校思想政治教育创新发展的重要着力点。传统家训文化蕴含着中华优秀传统文化基因，是大学生价值观养成的思想养料和特色范本。一方面，立足传统家训文化本身，挖掘传统家训文化的深刻意蕴，构建中国特色的家训文化，实现传统家训文化的科学转化；另一方面，结合传统家训文化的深刻内涵，通过教育引导、实践养成以及校园文化等现实载体，持续提升传统家训文化的现实感染力、渗透力和影响力。"以文化人、以文育人"是新时代培育大学生社会主义核心价值观的重要途径。作为中华传统文化重要组成部分的传统家训文化，是指古代家族经过几代人的积累、以家训家戒等形式留存后世的训教之辞，也是我国古代延续下来的家庭教育以及家庭治理最为基本的形式，在民众心中具有不可撼动的吸引力和感召力。基于以文化人视角探讨传统家训文化的当代价值及现实转换，能够为当代大学生价值观养成提供理论与实践层面的新思考。

一、理论逻辑：以文化人、传统家训文化与大学生价值观的内在契合

传统家训文化在长期历史发展中沉淀了如家国情怀等较为积极的因素。我们要理性探讨以文化人、传统家训文化、大学生价值观三者的内在逻辑，才能更好地发挥传统家训文化的当代价值。

（一）以文化人的基本内涵

以文化人一词最早出自《易经》。《易经》是古人阐述天地万象变化的经典之作，内含博大精深的辩证思想。"关乎天文，以察时变；关乎人文，以化成天下"，意思是以天道运行规律来认知时节变化，以人事伦理道德来教化于天下。以文化人既是对传统文化中"人文化成"理论的继承与发展，也是结合我国发展实际及时代特征的理论创新。在当代，以文化人主要可以从三个层面来理解。首先，以文化人中的"文"主要是指中国特色社会主义文化。党的十九大报告指出："没有高度的文化自信，没有文化的繁荣兴盛，就没有中华民族伟大复兴。"[①] 党的二十大报告进一步强调："我们必须坚定历史自信、文化自信，坚持古为今用、推陈出新，把马克思主义思想精髓同中华优秀传统文化精华贯通起来、同人民群众日用而不觉的共同价值观念融通起来。"[②] 中华优秀传统文化是涵养当代国民价值观的文化积淀，也是增强我国文化软实力的历史根基。其次，以文化人中的"化"即教育感化，是一种手段和方式。这种"化"特别重视教育感化手段和方式的灵活性和策略性，以润物无声、潜移默化的方式达到涵养价值观的目的。最后，引导青年学生培育完整人格、践行核心价值，是以文化人的目的和归宿。以文化人是运用文化的力量，在文化的作用和熏陶下，不断提升个人的综合素养，

---

① 习近平：《决胜全面建成小康社会 夺取新时代中国特色社会主义伟大胜利——在中国共产党第十九次全国代表大会上的报告》，人民出版社 2017 年版。

② 习近平：《高举中国特色社会主义伟大旗帜 为全面建设社会主义现代化国家而团结奋斗——在中国共产党第二十次全国代表大会上的报告》，人民出版社 2022 年版。

从而通过文化的力量来促进个人层面的全面发展、社会层面的协调运转以及国家层面的繁荣昌盛。

（二）以文化人是优秀传统家训文化的理论提升

以文化人与传统家训文化两者在思想内涵层面具有一定的契合性。以文化人中的"文"并不是广义上文化概念，而是指对个人价值观念形成具有积极作用的优秀文化与先进文化。而优秀传统家训文化作为中华优秀传统文化不可或缺的组成部分，凝聚着中华民族共同追求的价值观念，蕴含着中华传统文化的强大基因和深厚渊源。传统家训文化之所以被称为"传统"而非"现代"，就是因为它是在历史环境下所衍生、发展起来的，但它的教化作用却不局限于历史或过往。传统家训文化一般体现为长辈对晚辈的劝勉、谈话等，具有诗歌、格言等丰富多样的表现方式。因此，以文化人与优秀传统家训文化两者之间呈现普遍性与特殊性的辩证关系，以文化人中的"文"与优秀传统家训文化中的精华思想相契合，优秀传统家训文化也可以丰富完善以文化人的思想内涵，两者呈现出"你中有我，我中有你"的关系。

（三）优秀传统家训文化是涵养大学生价值观的道德基因

中华优秀传统文化不仅是中华民族的文化经脉和精神命脉，同时也是濡化当代大学生价值观养成的源头活水。当前部分大学生出现了一定程度的理想信念偏差、浮躁心理盛行、人际关系冷漠等道德危机。传统家训文化是中国传统文化的重要基因，亦是深深根植于国民内心深处及日常生活当中的处事智慧。汲取优秀传统家训文化中的精髓，不仅有利于发挥优秀传统家训文化的现实效用，还能拉近大学生价值观养成与优秀传统家训文化的距离，优秀传统文化的深厚底蕴和丰富素材有助于当代青年对正确价值观的理解和把握。可见，优秀传统家训文化与大学生价值观养成具有高度契合性，互为依托，共生共长。

（四）涵养大学生价值观是以文化人的目标指向

实现"以文育人"是以文化人的最终目的。重视青年成长及其价值观养成，是以文化人的目标指向。当前我国正处于社会发展的转型时期，我国大学生在思想文化及意识形态方面遭遇到前所未有的冲击和挑战，当代大学生价值观的良好培育及践行已成为思想道德建设一项迫在眉睫的任务。大学生从优秀传统家训文化当中汲取养分，理解个人意义及社会价值，有利于提高青年学生对优秀传统家训文化的认同，更有利于大学生从优秀传统文化中汲取智慧，最终实现个人的全面发展。可见，以文化人是一个有机整体，即在"文"的基础上，通过"化"的方法，实现"育人"的目的。从以文化人的视角来探讨优秀传统家训文化涵养大学生价值观，一方面，厘清优秀传统家训文化的历史渊源、发展脉络以及价值理念、鲜明特色，从历史回眸、当代际遇与科学契合三个方面来加强优秀传统家训文化的内涵解读；另一方面，亦要重视传统家训文化涵养大学生价值观养成的方式和载体，使得传统家训文化能够最大程度为青年学生所学习和感化。

二、关乎人"文"：传统家训文化涵养大学生价值观的主体审视

以文化人中的"文"不是广泛意义上的文化概念，而是指对个人价值观养成具有积极作用的优秀文化。优秀传统家训文化作为中华优秀传统文化的合理养分，作为民族精神层面的文化遗产和民族血脉的延续方式，在新时代培育大学生价值观方面仍具有强烈的现实意义，是当代大学生价值观养成的有效内容。因此，我们应该对优秀传统家训文化的精髓加以概括、提炼、创新，批判性地借鉴其中合理成分，以此来涵养当代大学生的价值观。

（一）理清发展脉络，挖掘优秀传统家训文化的深刻意蕴

我国古代家训文化源远流长，起源甚早。如先秦时期《尚书》中的《无逸》就是周公对其侄子成王的告诫之辞，而孔子在庭院中告诫儿子孔鲤"不学礼无立"，这两个例子历来被认为是古代家训的发端和本源。① 南北朝是家训文化盛行之始，政治社会秩序大乱导致儒家学说衰落，然而儒家伦理仍是社会政治制度的正当性来源，社会越动荡分裂，大家族就越要维护和强化家庭伦理核心价值，这样就促进了儒学的家族化。如魏晋南北朝时期《孝经》上升为显学，编纂家训、家规、族谱等也蔚然成风；北齐颜之推的《颜氏家训》开始不再以个人为专门的对象范畴，逐渐转向以家庭整体为研究对象，具体内容可分为修身、治家、处世、为学四个部分，他被后人尊称为家训之祖；曹魏嵇康的《家诫》体现了嵇康的拳拳爱子之情和处世之道，等等。传统家训在经过魏汉和隋唐的快速发展后，在宋元明清时期达到鼎盛。北宋司马光的《温公家范》宣扬了儒家修身、齐家、治国的思想，是一部比较完整地反映我国封建社会家庭道德关系的伦理学著作；宋代袁采的《袁氏世范》从实用和近人情

---

① 陈来：《从传统家训家规中汲取优良家风滋养》，《人民日报》，2017 年 1 月 26 日。

的角度来看待立身处世的原则，反映了宋代士人的价值观从理想性向现实性转化。明清时期，伴随着儒家伦理思想体系趋于定型与臻于完备，众多的家训著作纷纷问世，其中影响较大的有庞尚鹏的《庞氏家训》、朱元璋的《祖训录》、朱柏庐的《治家格言》以及林则徐、曾国藩的家训等。[②]厘清各阶段传统家训文化的思想底蕴及时代特点，有利于我们对优秀传统家训文化的深刻意蕴进行较为宏观的理解和把握。优秀传统家训文化突显了深厚的家国情怀。爱国主义自古以来就深植于在中华民族和中国人民的血脉之中，是中华民族和中国人民维护民族尊严和民族独立的精神动力。此外，优秀传统家训也是历代治家经验的智慧沉淀。传统家训文化固然有明哲保身、听天由命等消极成分，但其彰显的以天下为己任的责任担当、追求君子品格的修身自省，是数代人生活经验和治家经验的智慧总结。

（二）结合本国国情，构建中国特色的家训文化

通过对传统家训文化的价值内涵的梳理我们可以看到，优秀传统家训作为中华优秀文化的重要组成部分，其不仅是古代以家庭为单位的道德教育方式，也是中华优秀传统文化得以传承和发展的重要载体。这些传统家训远远超出对本家族的教育功能，成为当时社会教育的一种重要方式，为社会提供了家庭教育的范式和楷模。进入 21 世纪，随着中国国内经济的迅速发展与国际地位的不断攀升，如何构筑大国国民的健康心态，尤其是如何涵养大学生爱国爱乡、自尊自信、理性平和、积极向上的优秀品质，推动中华优秀传统文化创造性转化、创新性发展，成为人们普遍关注的热点话题。传统家训文化是中华民族及其先辈所创造的，反映的是具有民族特色和

国家特色的思想文化，在现代社会中对国民的思想行为仍然具有不容忽视的积极作用。但就现实来看，家训文化对于国民价值观养成的现实影响力仍有待提高。"宣传阐释中国特色，讲清楚中华优秀传统文化是中华民族的突出优势，是我们最深厚的文化软实力。"① 因此，我们应当结合本国国情和实际情况，打造具有中国特色、中国范式、中国风格的优秀家训文化。丰富家训文化在现代社会的内容和表达。不能仅仅用阅读书籍等形式将传统家训文化作用于当代大学生，对家训文化的合理成分应以现代性的眼光进行审视和判别，将家训文化的家书、诗歌、碑铭等内容进行较为深度的文本和史籍挖掘，其中的一些格言、诗歌通俗易懂，对仗押韵，具有很强的感染力，这也是我国传统家训文化的独特之处。因此，应从现实中的人作为出发点，充分将传统家训与现代传播手段相结合，将具有时代特色的优秀家训文化渗透于高校教育、社会氛围之中，建构鲜明、生动、普适的新型家训文化，用生活化的语言熏陶家庭乃至家族中的成员，在润物无声中使得家训文化成为引领子女健康成长的精神食粮。

（三）洞悉社会需求，实现优秀传统家训文化的科学转化

传统家训文化是以儒学为主体的主要的社会主流意识形态向民间思想过渡的中间桥梁，是中国传统核心价值观的民间缩影。传统家训文化多为封建时代的特定产物，因此不可避免地被打上了时代阶级的烙印，因此传统家训文化与现代社会发展存在隐性的矛盾。②

----

① 习近平：《举旗帜聚民心育新人兴文化展形象更好完成新形势下宣传思想工作使命任务》，《人民日报》，2018 年 8 月 23 日。

② 王易：《传统文化与思想政治教育创新》，中国人民大学出版社 2018 年版。

传统家训文化具有社会性和历史性，既与现代社会发展有紧密的正相联系，同时也存在不可避免的矛盾。因此我们在将传统家训文化与社会发展相结合时，应当从根源上认识传统家训文化的历史意义与当代局限，并实现传统家训文化的现代转型。现代转型的做法之一，是促进传统家训文化的创造性转化。这就要深入挖掘传统家训文化在历史长河中的精神脉络，对其带有鲜明的阶级性和局限性的、反映和代表封建阶级利益的家训内容，进行历史与现实的批判；而对于在历代发表中积淀下来并产生深刻影响的优秀家训文化，则应当总结历史经验，取其精华，立足于我国传统家训的发展脉络，尊重文化自身的发展规律，守住中华文化本根，传承中华文化的历史根基。现代转型的做法之二，是实现传统家训文化的创新性发展。这就要求对传统家训文化实现内在提升与实质超越，推动其与当代社会主义核心价值相契合，与时代精神相契合，从而使家训文化成为涵养大学生价值观、提升国家文化软实力的重要力量。

三、"化"成天下：传统家训文化涵养大学生价值观的载体思考

以文化人中的"化"具有美化、感化、教化等含义。"化"的选择和运用，直接影响到优秀家训文化涵养大学生价值观的最终效果。结合优秀家训文化的深刻内涵，我们应从教育引导、实践养成、校园文化三个维度，提升优秀家训文化的现实感染力。

（一）加强教育引导，提升优秀家训文化涵养大学生价值观的理论认知

优秀家训文化的深厚底蕴决定了它将成为高校社会主义核心价

值观培育的强力抓手，而要使优秀家训文化在高校大学生价值观培育中落地生根、落到实处，关键还是在于高校思想政治教育工作者。教育者要先受教育，讲信仰者自己要有信仰。一方面，发挥思想政治理论课的主渠道作用。课程教学体系是落实立德树人根本任务的主渠道，高校教师要引导学生找到人生正确方向，就必须充分利用课堂教学的载体，深入挖掘课程各章节的育人资源，将优秀家训文化有机融入学生的爱国教育、理想信念教育等，用优秀家训文化中深厚的家国情怀与远大的理想抱负，去点燃青年学生的爱国热情与奋斗意志，使优秀家训中的思想精华成为他们现实生活中的价值选择和行事准则。另一方面，挖掘其他各类课程中的教育要素。高校教师还应当将思政课程与其他专业课程或选修课程相结合，共同挖掘教育资源中的优秀家训文化的教育元素，善于汲取家训文化中的优秀价值理念和道德规范，并实现内化于心，外化于行，从而在教学中润物无声地影响学生的言行举止和思想意识，打造通识类课程和专业类课程相结合的"课程思政"育人模式。值得指出的是，高校教师还应当具备对传统家训文化进行客观审视及理性反思的能力。大学生处于价值观形成的关键时期，认识能力尚且不足，他们对文化的接受偏好也出现了个性化和多元化特征。这就需要教师坚持科学严谨的态度来对待传统家训文化，坚持历史唯物主义的批判精神和文化发展的辩证反思，并能做出正确的价值判断和价值选择。

（二）注重实践养成，促成优秀家训文化涵养大学生价值观的实质飞跃

家训文化与当代大学生的现实生活紧密联系，这也就意味着优秀家训文化涵养大学生价值观培育时，必须注重实效，要具体落实

到当代学生发展的各个环节。高校教师应当对优秀家训文化的核心要义与思想内涵具有较为全面的认知，并加强优秀家训文化与学生实践活动的结合度，这有利于青年学生对于优秀家训文化产生更为彻底、本质的认知，最终形成稳定的、理性的文化涵养。第一，加强校内实践活动的开展。开展丰富多样关乎优秀家训文化相关的主题活动，通过举办朗读经典、传统文化竞赛、各种家训读书会、综合晚会、情景剧、传统节日特别活动等，实现优秀家训文化与大学生价值观培育的良性互动。第二，加强家庭实践活动的开展。家庭是人生的第一课堂，是社会的基本细胞，也是家训文化的原初载体。当前，传统家训文化有了新特点、新发展和新传承，这其中不乏很多优秀的典型案例和丰厚资源，同时家庭、学校和社会构成三位一体的有机整体，涵养大学生核心价值观的家庭因素不可或缺。家庭成员之间可以利用闲暇之余对家训文化的思想精华和时代特质进行讨论和交流，从而对传统家训文化的合理元素进行有效提炼和总结，使优秀家训文化中的精神特质和道德规范内化为理论认知，外化为行动自觉。第三，完善社会实践活动的补充。积极组织学生走出校园、开展实地参观、志愿服务实践活动，在具体生动的实践活动当中加强大学生传统文化认同。中国传统文化蕴含着丰富的情感伦理关系，尤其注重情感的培养和关照，使得各种关系日常化、家庭化、大众化。传承家训文化最终要落实在家庭。社会主义核心价值观的养成贵在坚持知行合一，教师须引导学生在家庭生活当中，把孝敬长辈、勤俭节约、待人以诚等优良家训落实在行动中。优秀家训文化正是以不可替代的价值观念、思想体系实现对大学生的教育培养，从而成功地将优秀传统文化与主流价值有机融合、广泛传播。

（三）依托校园文化，营造优秀家训文化涵养大学生价值观的良好氛围

氛围虽难以用指标来衡量，却能对人的心理、思想和行为产生潜移默化的持久的影响。高校校园是高校师生的主要活动场所，校园文化渗透于校园的各个角落，并以其独特的艺术魅力感染着全校的师生。传承和弘扬优秀家训文化不是一个抽象的概念，社会理想和道德规范的内涵要通过校园文化产品和文化活动才能发挥其实际效用。第一，加强校园物质文化建设，如对办公室、教学楼以及宿舍等公共活动场所进行环境布置，结合优秀家训文化的思想内涵，实现审美功能和教育功能的和谐统一。比如，高校可以结合自身的办学层次和实际条件，以文化长廊、宣传栏等形式对传统家训文化的思想精髓进行宣传，从而影响青年学生的价值取向和价值养成；完善校园的历史人物雕塑和文化景观建设，为大学生价值观养成和践行提供必要的肥沃土壤和必要场所；等等。第二，加强校园精神文化建设。当代大学生具有求知欲强、接受新事物能力强、思维活跃等特点。伴随着新媒体技术的不断发展，高校师生对现实生活事件的参与度、关注度日渐提高，互联网已经成为影响高校师生思想行为和日常行为的重要因素。高校可充分利用校园主页、各学院网站、高校易班等网络平台，对于优秀家训文化中理论性、系统性较强的内容，进行深入细致的解读和生动活泼的展现，使广大青年学生能够更全面、科学地认识和理解传统家训文化，并将其内化于心、外化于行，最终转换成强大的实践能力。第三，加强校园制度文化建设，建立健全优秀家训文化涵养大学生价值观的激励保障机制、推进拓展机制以及考核评价机制，使优秀家训文化涵养大学生价值

观的时代任务做到有明确制度可遵循、依靠制度而落实并且为硬性制度所保障，加强全过程、全员化、全方位引导，推动良好校风、学风、教风的形成。

以文化人是中国古人智慧的结晶，继承和弘扬优秀家训文化，既是基于现实社会的迫切需求，也是价值观培育践行的必然要求。运用优秀家训文化涵养大学生价值观养成必定是一个长期的、渐进性的系统推进工程，由于历史和现实的因素，大学生价值观培育的主题和要求也会随着时代的具体要求而不断变化。因此决不能将期望毕其功于一役，必须不断思考、持之以恒，真正把优秀家训文化落实到大学生价值观培育的各环节，覆盖到高等院校的受教育者，形成培育和践行大学生价值观的长效协调机制。唯有如此，才能更有效、更持久地使得大学生将优秀家训文化中的理想信仰和精神风貌作为自身修身立德、为人处世、建功立业的强大精神力量和宝贵精神财富。

第四章

美育思想的历史发展与当代审视

美育对于人的全面发展有着不可替代的作用，是德智体美劳"五育并举"教育体系建构的重要一环，也是现阶段诸育中开展相对落后的方面。美育具有情感性、形象性、内隐性、综合性、贯通性和高阶性等基本特性，在培养和塑造人的审美观念及审美立美能力、陶冶与促进人的品德、提升人的创造性、促进智育等方面有着多重重要价值。"全面探讨民国时期的美育思想及其现实启示""新中国70多年美育思想的演进历程与时代展望""美育融入高校思政课的演进历程与经验启示""高校美育课程建设的系统审思及优化策略研究"等重要议题，对于加强和改进新时代美育、培养德智体美劳全面发展的社会主义建设者和接班人具有重要意义。

第一节　民国时期的美育思想及其现实启示研究

美育是作用于人的情感、陶冶人的心灵的素养教育。党的十八届三中全会通过的《中共中央关于全面深化改革若干重大问题的决定》明确提出"坚持立德树人""改进美育教学，提高学生审美和人文素养"的要求。在党的十九大报告中，更进一步提出了当代广大人民对美的迫切追求以及对美好生活的强烈向往。美育如何在立德树人方面更好地发挥作用，如何在滋养情感、陶冶情操中更有作为，目前已成为教育界关注的热点。回望历史的长河，民国时期的美育思想内涵丰富，具有明显的时代特征，其思想内容对现实生活仍然具有重要启示。

一、民国时期的主要代表人物及其美育思想

民国时期的美育成就主要表现为涌现出一大批美育启蒙者及思想家。这些美育思想家来自艺术、哲学、教育等各个领域，因研究背景有所差异，他们在接受西方美育理论洗礼的同时，结合中国自身的文化和地域特色，形成具有自身特色的美育思想。这些美育思想对中国的美育理论和美育实践都产生了深远的影响。

（一）王国维的"以美术代宗教"

王国维对于近代中国美育史的作用就在于开创了中国近代美学、美育和文学理论的先河。一般普遍认为，王国维最先把"美学"和"美育"这两个词引入中国，[①] 并且，他还是从日文当中引入"艺术"一词的第一人。1906 年，王国维发表《论教育的宗旨》一文，提倡以审美拯救人性，他认为当时的中国人并没有高尚的精神生活，一心追求名利，[②] 精神方面十分空虚，所以借助鸦片这一毒品来慰藉

---

① 聂振斌：《中国近代美学思想史》，中国社会科学出版社 1991 年版。
② 汪泓等：《现当代中国美育史论》，北京师范大学出版社 2016 年版。

自己的精神世界，这种情感上的疾病必须依靠艺术来祛除，故实施美育。在王国维看来，美育活动实际上是一种纯粹且无杂念的活动，美育之外的教育，通常都会带有内部或者外在的压迫感，唯有在审美教育活动中，人的思想才能得到解放，这也是美育活动的优势和特点。他认为艺术教育在美育当中具有特殊和不可忽视的重要作用，同时他也认为美术是最富感情的事物，美术常常以情感打动其他人，影响人们的精神世界，丰富人们的内心世界。① 他认为人们在追求艺术审美的过程中已经摆脱了对于物质的迫切追求以及现实利益的束缚，美育和美术不再是为经济、政治所单独服务，而是通过审美活动实现拯救国民灵魂、改造社会危机的目的。② 对此，王国维首次提出了"以美术代宗教"这一观点，他认为美育是拯救国民精神世界的重要内容，在接触了康德、叔本华的相关著作以后，他努力学习，先后撰写了近四十篇与美育以及美学相关的论文和著作，并且指出美是"可爱玩而不可利用者。"③ 王国维首倡美育，并且在中国的教育史上首次提出了德智体美全面发展的主张，通过这四者的紧密结合，可以提高个人以及社会的文明程度。一个人只有把德智体美全面发展作为自己的发展方向和目标，才有可能成为"完全之人物"，同时他认为应当把美育与其他教育区分开来，从而确立美育的独立地位。他认为中国历史上一直以来都不承认艺术的独立价值，往往把美育活动归结于政教伦理，但是一旦把美育归结于此而丧失了自身的独立品格，美育活动培养"完全之人物"的终极目标也就随之

① 汪泓等：《现当代中国美育史论》，北京师范大学出版社 2016 年版。
② 姚文放：《王国维的美育四解及其学术意义》，《文艺理论研究》2010 年第 6 期。
③ 王国维：《古雅之在美学上之位置》，百花文艺出版社 2006 年版。

落空。① 王国维的美育主张和思想在当时还是颇具真知和合理性的，他在中国的美育发展史上起着从古代到现代承上启下的重要作用。

（二）蔡元培的"美育救国"

蔡元培是近代中国对美育思想的发展有着重要贡献的思想家。与大多数的近代知识分子类似，蔡元培深受西方美育思想的影响。蔡元培对于美的认识是与他对美的理解割舍不开。他认为，"美以普遍性之故，不复有人我之关系，遂亦不能有利害之关系。"② 基于对美育的认识，蔡元培又称美育为"美感之教育"。谈及美育在教育中的地位时，他认为人经过了美育的熏陶和洗礼，再经过德育、智育、体育和世界观教育的完善和补充，就会具备一定的欣赏美与创造美的能力，从而让人们在现实生活中去认识美以及感受美。③ 从民国政府成立至 1940 年逝世，蔡元培多次担任国家文化教育行政部门的主要领导者，对于新式教育体制的建设他提出了自己的看法，并且付诸实践行动。他担任北京大学校长期间，便以北京大学为实践基地，组织了音乐、绘画、书法、文学等美育研究会，聘请相关专家进行教授，学生自愿参加。这一举措极大地激发了广大师生对美育的追求与向往。1921 年，蔡元培率先领头在北京大学开设美育相关课程，亲自授课以及编写教材，并且还在后期的实践活动中开设了一大批的艺术学校。中国办学最早的艺术学校，成立之初被称为上海图书美术学院，后更名为上海美术专科学校，就是在蔡元培的支持下举办起来的，在后期的校园建设中他也提供了源源不断的资金、

---

① 俞晓霞：《论王国维美育思想的现代性价值》，《江西社会科学》2009 年第 1 期。
② 俞玉滋等：《中国近现代美育论文选（1840—1949）》，上海教育出版社 1990 年版。
③ 俞玉滋等：《中国近现代美育论文选（1840—1949）》，上海教育出版社 1990 年版。

人才等支持。他认为美育思想付诸实践的主要手段是"改造国民性"，这成为他教育思想的理论基础，而"改造国民性"的主要手段则是工艺美术教育的大力发展。① 美育何以救国？蔡元培认为工艺美术教育就是实现美育蓬勃发展的途径之一。蔡元培的工艺美术教育思想也随着他的美育思想借助社会介质有效地传播，为民国时期的工艺美术教育奠定了坚实的基础。蔡元培强调要拯救国民精神世界的只能是美育，因为"美育是自由的，而宗教是强制的；美育是进步的，而宗教是保守的；美育是普及的，而宗教是有界的。"② 在提出"美育代宗教"思想之前，蔡元培还提出了"哲学代宗教""科学代宗教"等思想。在当时的历史环境中，这一思想的提出引起了非常大的社会影响，并且得到了学校和社会的广泛传播。另外，由于他个人的努力，美育第一次被写进了政府文件，美育的相关实践内容也在社会和学校中被开展起来。

（三）陶行知的社会美育

陶行知是中国著名的教育家。他主要推行的是平民化的教育活动，研究乡村教育的相关问题。如果说蔡元培是美育的真正提倡者，陶行知则可以说是将美育付诸实践的先驱之一。他撰写美学文章，讲解美学观点，明确美育方针，反复实践。他的美育思想大多植根于当时的社会基础，与国家、民族以及人类的发展有着密切的关系。陶行知在实践的过程中提倡美育并身体力，③ 他认为教育事业本身就

① 宫承波：《蔡元培美育思想的基本内容》，《山东大学学报（哲学社会科学版）》2000 年第 1 期。
② 周志俊：《论陶行知的美育思想》，《安徽师范大学学报（哲学社会科学版）》1985年第 4 期。
③ 汪泓等：《现当代中国美育史论》，北京师范大学出版社 2016 年版。

是进行美育，教育往往不是指生活以及学习上的教育，而是指科学、艺术、健康和劳动等组成的学习活动，他把"和谐"这一理念作为教育的最高理想。关于实施美育的途径，他认为开展诗教、艺术活动、艺术科等课程活动是学校进行美育活动的重要途径，同时他还认为学校的美育活动不仅可以在课堂内进行，还可以通过课外成立文学社、戏剧组、音乐组，组织参加博物馆、艺术馆等课外活动来进行，① 课堂教育活动与课外实践延伸相结合，能够最大程度发挥美育对于个人的价值实现。虽然他受到西方美育思想的影响，但他同时深受中国传统文化的影响，如注重道德、伦理实践以及人格养成。陶行知立足教育，并且放眼于社会，除了在学校的课程中涉及美育的相关内容外，还十分倡导社会美育，他认为环境美是社会美的前提，而自然环境的美是人类社会实践活动中的产物，也就是说，人类在自然环境的生活过程中，自然环境日益被打上了人类活动的烙印，越来越被"人化"。人类不仅可以认识世界，还可以通过自身的努力去改造世界；人类不仅可以欣赏大自然的美，也可以按照美的规律来塑造形体。陶行知要求学生在学习的过程中，不仅要学会欣赏环境美，同时还应当学会用艺术和审美的精神去改造环境，为优化环境以及生活贡献出自身的一份力量。因此陶行知主张应当"秉着美术等精神，去运用科学发明的结果，来支配环境，使他们现出和谐的气象"。②

---

① 周志俊：《论陶行知的美育思想》，《安徽师范大学学报（哲学社会科学版）》1985年第4期。
② 陶行知：《陶行知文集》，江苏人民出版社1981年版。

（四）丰子恺的艺术美育

丰子恺既是著名画家，也是艺术理论家和艺术教育家。他在美育的理论层面和实践层次方面也有自己的主张，他认为艺术教育就是美的教育与情的教育。另外，丰子恺认为艺术美育的主要作用是培养个人的完全人格，也就是培养个人的真、善、美。这三者是对应人的知、情、意，同时这三者也是人在认识世界的过程中所必需具备的。① 丰子恺把培养崇高人格作为美育的一个重要方面，因此，他提出了美育的具体任务，也就是教人"绝缘"的方法，即教人如何做小孩子，回归童心。丰子恺认为童心是非常可贵的，一个人若能拥有童心，那么这个人往往率真、对事物以及生活充满了热情，而不像大人的心灵已经染上了尘世的尘埃。丰子恺对艺术美育的功能以及艺术教育的实施方法都有自己独特的见解。丰子恺认为艺术美育能够怡情悦性，感化人心。为此他认为，要实施更好的艺术教育，必须改进教育的方法，既要注重技法的传授，同时也要注意内心的熏陶。丰子恺主张艺术的生活，他把美作为人的人生价值，认为一个人如果没有审美活动，也就不能称之为完全的生活。② 由于丰子恺把"艺术的生活"当作人生不可或缺的一项指标，因此，他特别热衷于美育的平民化、大众化。首先，反映在他所编写的教材之中，他认为教材的编写应当趣味化、通俗化。因为内容过于晦涩会让读者难以接受，枯燥难懂，因此他认为教材的编写应当深入浅出、简明扼要，便于理解。其次，丰子恺强调美育的普及还是应当放在

---

① 汪泓等：《现当代中国美育史论》，北京师范大学出版社 2016 年版。
② 杜卫：《试论丰子恺的美育思想》，《浙江师范学院学报（社会科学版）》1984 年第3 期。

少年或儿童时期，这一时期被称为黄金时期。但是，少年、儿童对美的事物的辨别能力较弱，因此要尽可能地选择健康的、美好的事物让他们去欣赏。① 最后，丰子恺非常重视艺术教育的社会影响，他认为艺术可以起到洗涤个人私欲的作用，也可以起到振奋人心的作用，所以他的艺术美育观与"救国"紧密结合。可见，丰子恺将希望寄托于艺术美育，主要是为了感化国民，从而促成一个和谐美好的社会家园。②

（五）鲁迅的文学美育

鲁迅是我国倡导美育实践的先驱之一，对我国美学理论的建立做出了巨大的贡献。鲁迅认为美育具有唤醒人民以及提高人民觉悟的作用，提倡用文艺美育来振奋民心。正因如此，鲁迅的文学创作大多是以革命的需要为依据，通过塑造一些光辉的正面人物，以美德启发着民众对追求文学美育的自觉性；同时也通过塑造一些污秽的形象，使人们在美与丑之间对立、冲突，接受比较深刻的教育。鲁迅的美育思想与马克思主义美育观具有一定程度上的契合性。首先，他们都认为艺术应该是反封建、反资产阶级的大众艺术。所谓大众艺术，指的是人民群众喜闻乐见的大众文化。其次，他们都强调艺术的阶级性，主张艺术为人而生，而人生必然反映出审美意识的时代性、民族性和阶级性。最后，他们都强调艺术的战斗性，认为美育的意义就在于不断追求进步和人性的解放。③ 另外，鲁迅认为

---

① 姜莉：《丰子恺培植艺术心的美育观》，《安徽师范大学学报（人文社会科学版）》2001 年第 5 期。

② 汪泓等：《现当代中国美育史论》，北京师范大学出版社 2016 年版。

③ 汪泓等：《现当代中国美育史论》，北京师范大学出版社 2016 年版。

文学作品应当遵循美育的发展规律。首先，鲁迅认为文学作品应当使读者看得懂、有兴趣。鲁迅指出："为了大众，力求易懂，也正是前进的艺术家正确的努力。"其次，鲁迅认为创作的文学作品要能够反映人们的社会生活，也就是应当让广大读者产生共鸣。最后，鲁迅认为文学作品应当体现民族特色，他在创作小说的时候格外注意使其富有民族特色和中国气派，将文学作品创作成中国老百姓喜闻乐见的艺术。①

民国时期的美育思想内涵十分丰富，从王国维的"以美术代宗教"，到蔡元培的"美育救国"，再到陶行知的社会美育和丰子恺的艺术美育以及鲁迅的文学美育，都是基于当时特定的历史背景提出的具体美育主张。从上述美育思想我们不难看出：人从生命的开始，就受到美的熏陶和陶冶。美育贯穿人的一生，人的个性可以在美育的过程中得以发展。

二、民国时期美育思想的时代特征

民国时期的美育提倡者，思想大多适应了当时社会环境和社会变革的需要，并且重视美育对现实生活的指导意义，他们都认为美育是促进人的全面发展，提升审美能力、陶冶情操以及人格完善的重要途径。因为同处民国时期，所以他们所提出的美育思想也具有一些共同的时代特点。

（一）氛围浓厚的人文气息

民国时期是一个多元思想观念交融与碰撞的时代，也是国人民

---

① 潘颂德：《鲁迅与美育》，《徐州师范学院学报（哲学社会科学版）》1981 年第 3 期。

族意识逐渐复苏的时代。这个时代的美育思想大多具有浓厚的人文气息。这里的"人文"指的是人的道德理性的自觉方面，即主动将人置于生活的主体和研究的中心。如丰子恺就非常注重对个人这一主体的体现，他把美育这一实践活动回归到少年儿童，通过对少年儿童的美育实践活动，来促使整个社会对于美育的理解以及个人审美能力的提高。再如，鲁迅的文学美育思想也非常注重个人的主体地位，认为文学作品都应当应时代需求而生、因个人需求而生，都应当体现特有的时代需求以及民族特色。这一时期的美育思想大多将理性与感性相结合，通过美育活动实现人从感性到理性的飞跃。这个时期的人文气息是指进行人文教育，将人放在研究的主体地位，强调人在社会中的主体地位以及个人身心的和谐发展，以培养健全的完美人格为终极目的。感性和理性相结合具体表现在承认了人在社会中的必要性以及感情的合理性，但同时也要通过社会道德和规范来约束自身的行为，也就是说，虽然人在社会中是自由的，但是其行为也要有所节制。要培养高尚的道德品质，除了要进行规范教育以外，还应当进行价值层面的教育，更多地尊重个体情感的抒发，让受教育者在实际生活中获得更加丰富的生活体验，逐步将社会上的道德规范转化为自身内在的道德信念。除此之外，这个时期的美育思想尤其注重人的主观能动性，主张通过对情感的熏陶来激发个体的内在潜能。这里的个体不仅指受教育者，通常还包括教育活动的主要实施者。在教学活动当中，教师仅仅拥有相关的专业知识是远远不够的，还应当具备一定的审美能力和审美情趣，只有拥有相关能力的老师才能更好地激发学生内在的潜能，促进学生个人的成长以及发展。

（二）强烈的爱国主义色彩

基于当时中国社会正处于内忧外患的大环境中，广大爱国人士努力探寻适合中国自身的救亡图存道路。在挽救民族危机中，有志之士除了主张通过推翻封建制度以及政治改良以外，还提出了通过提高国民的综合素质来唤醒人民涣散、麻木的心灵，振奋国民的精神世界成为当时这一群体最大的呼声。当时的主张大部分都呈现出强烈的爱国主义色彩，都是为了挽救民族危机而提出的。如蔡元培的"美育救国"思想，在很大程度上就是为了挽救当时的民族危机而提出。他认为通过工艺美术这一途径能实现国民性的改造，并且在实践活动当中应不断付诸个人的努力。鲁迅则认为通过文学美育的途径可以实现对国民性的洗涤，从而实现民族的复兴和繁荣发展。虽然每个美育思想家的具体主张有所不同，但是这一时期美育思想家的思想出发点往往都是基于当时的社会历史背景而提出的具体思想主张。虽然美学家对美育的研究侧重点有所不同，如蔡元培注重伦理学方面的分析，王国维注重审美心理学相关方面的研究，但是，他们都认为通过美育这一途径可以陶冶人的情操，促进人格的完善，改造国民特质，从而唤醒国民的心灵，挽救民族的危机。他们美育思想的主旋律表现为爱国、救国，特别是在五四运动以后，美育思想中的爱国主义精神以及救国的呼声更是被提到了一个新的高度，变得更加迫切、更加主动和更加自觉。美育思想只有同爱国、救国紧密结合起来，其生命力才最为强大，也才能够显示出最强大的作用。

（三）中西结合的载体形式

近代中国掀起了向西方社会学习的浪潮。西方的先进思想和科学技术在中国广泛传播，这一时期的思想家大多接受了西方教育思想的熏陶。结合中国的社会大环境，一些思想家试图用西方的美育思想来挽救民族危机。如王国维的美育思想就受到了康德的"审美无利害"理论的影响。康德认为审美判断是一种"无目的的合目的性"，审美活动只与对象的形式和主体情感有关。在王国维看来，审美活动也是一个独立的领域，人一旦进入这一领域，就会享受到现实生活中无法体验到的自由与快乐，他认为这是一种超脱了实际目的和无用形式的真实之美。由此，我们不难看出这一时期的美育思想家大多受西方美育思想的影响。我国最早的美育思想可以追溯到先秦儒家的教育思想，他们就充分地论证了美育的合法性和合理性。这些富有价值的思想可以为美育的实践层次提供支持，他们在东西方美育思想的交流上起到了促进和推广作用。在中国古代美育思想未成熟之时，汲取西方有益的成分，可以使我们的美育思想更加富有生命力。这一时期的不少思想家提倡向西方学习，这为当时闭塞的中国知识界以及教育界吹来了一股新鲜的气息。他们的美育思想大多属于资产阶级的思想体系，代表了那个时期的知识分子的特点，既有传统封建文化向西方资产阶级思想转化的特点，又主动融入资产阶级的民主思想，肯定了人在社会生活中的权利和追求。

（四）三位一体的美育模式

民国时期的美育思想大多不是单一或片面的，而是系统的、彼此联系的。这个时期的美育活动不仅局限于学校的相关艺术课，如音乐课和美术课等，而是如蔡元培所提倡的任何学科无不渗透着美育的元素，如他以数学、物理、化学、地质学、天文学、地理学、历史学以及其他的一些社会科学为例，说明了各个学科"无不于智育作用中，含有美育之元素；一经老师提醒，则学者自感有无穷之乐趣"。① 当时的美育活动并不是指单纯的艺术教育，而是指社会美育、学校美育、家庭美育相结合，但是学校是学生接受美育活动最为直接的场所和环境，在人们的教育活动当中起着不容忽视的作用。在家庭美育中，如蔡元培所强调，对胎儿和婴儿的美育绝对不容忽视。美育活动始于家庭，作为一名社会成员，从出生到这个世界便开始了。早期美育可以通过安排孕妇入胎教院，使胎儿在母体中就接受美育，离开母亲的身躯后，在育婴园接受进一步美育的洗涤。美育还可以通过父母进行教育和渗透，家风、家训、家德在这一过程中显得格外重要，良好的家庭氛围也有利于孩子的成长。学校美育可以通过设置各类艺术课程来加强美育活动对学生学习活动的渗透。如幼儿园时期可以开设手工、唱歌，中小学开设文学、音乐，大学则开设戏剧、图画、建筑等课程，从而将美育活动贯彻于个人学习生活的始终。梁启超曾指出，当人们外出去欣赏美丽景观时，不仅心旷神怡，而且还会激发他们无穷的想象并提高他们的审美能力。在社会美育活动当中，作为社会成员的人，每时每刻都会受到社会审美形态和社会审美心理的影响。蔡元培建议，应当多修建一些丰富人们精神生活、提高人们审美情趣的公共场所。这些场所是提高国民审美修养的重要保障。所以，应当立足于教育，放眼于社会，构造美的环境。环境美是社会美的前提和基础，社会美育可以从美术馆、博物馆或者戏剧院等场所去开展，让人们从中接受美的洗涤，升华自身的人格。由此可见，当时蔡元培提出的美育思想是

① 蔡元培：《蔡元培美学文选》，北京大学出版社 1983 年版。

一种综合、全面、多层次的教育活动。

民国时期的美育思想在我国美育史上占有重要的地位，这一时期的思想大多具有深厚的文化底蕴和人文气息，对我国的美育发展产生了深远的影响。不难看出，民国时期的美育思想在当代仍具有较强的价值，其中某些思想仍然可以为现世所借鉴。

三、民国时期美育思想的现实启示

近些年来，人们逐渐意识到教育问题往往不仅指的是传授知识、提高人的道德素养，而且要更进一步培养和塑造完美的人格，促进人的综合全面发展。重视教育、加强美育在当代社会已经成了我国教育界、美学界甚至是文艺界众多知识分子的共同呼声。但是，我们应该清楚地认识到，美育作为教育中的一项重要指标，在现实生活当中并未引起足够的重视，如美育方面没有硬性的指标规定、没有全国的美育大纲等。所以，为了更好地促进当代美育事业的建设，回顾和汲取民国时期的美育思想历史经验显得十分重要和必要。

（一）把马克思主义美育观作为当代美育主要指导思想

民国时期的美育思想，其中既包含着现实精华，也包含着某些空想主义内容。当时的许多主张在当下看来虽然具有认识和改造社会的迫切愿望，但思想基础十分薄弱，只能算是乌托邦的构想，他们的计划或者憧憬在当时是难以实现的。马克思、恩格斯虽然没有直接说明关于美育的问题，但是马克思主义中的教育思想中仍然包含着非常丰富的美学和美育思想，只不过这些思想往往都以片断的形式存在，最终这些片段构成了一个有机、系统的思想体系，显示出其独特的特征。我们要重视马克思主义的美育思想并付诸实践。首先，在教育活动中，要坚持美育的教学与实践的统一。当前许多中学仍进行填鸭式教学，而忽略了学生的主观能动性和因材施教的现实可能性。我们不能只是口头上强调美育的重要性，而在现实学习活动中不付诸行动。其次，教育活动中还应当注重寓教于乐。我国长期的教育体制中往往把老师置于至高无上的地位，虽然这样树立教育者的权威，但也容易形成教育双方的对立和疏离。同时，教师上课的内容以及形式可以根据自己的授课时机进行调整和更改，应当大胆尝试，敢于创新。最后，要把培养全面发展的人作为教育活动的终极目标。在现实学习以及教育的活动中，应该注重学生全方位、多层次的发展，为广大学生塑造一个轻松、良好的学习氛围。此外，我们还必须清楚地意识到一个时代、一个社会的美育发展水平总是要受到一定的社会生产力和生产水平的制约和限制，超越物质水平，盲目地空谈和发展美育，其结果也不容乐观，甚至会适得其反。

（二）培养健全人格，树立正确的价值观

民国时期的美育思想大多目的都是培养人的健全人格，重视学生在培养出健全人格之后能够树立正确的价值观，从而促进个人的全面发展，获得人生的终极幸福。健全的人格往往离不开德育、智育、体育、美育、劳育这五项指标的均衡发展，其中美育对于健全人格的培养起着独特且不可忽视的作用，它可以提升人的精神世界、缓和人的功利心境。由此可见，美育是培养健全人格的必不可少的一环。健全的人格一方面要有理性的参与，另一方面还应当有感性因素的加入，它是这两者有机结合的产物。通过审美教育的方式，最终实现"在紧张的人身上恢复和谐，在松弛的人身上恢复体力，并以此方式按照人的本性使局限状态返回到绝对状态，使人成为自身的完美整体。"① 由此可见，健全人格的培养和发展要将两者紧密结合，实现感性向理性的飞跃与回归。另外，培养健全人格还有助于人们树立正确的人生观以及价值观。在现实生活当中，美育的实施状况必须紧密结合现代人的生活状况和现实条件，要以每个社会个体的生存为出发点，把美育活动作为个体活动的超越形式，并且确立这种美育活动的超物质的精神性。因此，个人价值树立的同时要联系自身的人生，要懂得享受人生，也就是用审美的态度对待人的整个生命历程，追求自身存在的价值。

（三）加强对艺术教育的重视，促进学生的全面发展

民国初年新学制实行以来，学校的艺术类课程就基本上被固定下来。自蔡元培成为民国时期教育部总长推行实施美育政策以来，总体上都是被坚持且践行的，虽然中间做出了多次修改，但是都没有对艺术类的课程做出质的修改，只是对相关课程的名称有所变动、对美育所覆盖的艺术课程的范围有所调整。在当代社会，我们不难发现学生接受到的教育大多是核心课程，而所谓主要塑造精神世界、陶冶高尚情操的艺术类课程则一定程度上受到了限制，有的学校开设的相关课程只是走形式，并没有从根本上提高学生的综合素质，有的学校甚至根本没有相关课程。从短期来看，或许对学生的学习成绩有所帮助，因为这样可以使他们集中精力投入一些学科的学习当中。但是从长远的角度来看，这样的课程设置对学生个人的成长

---

① 席勒：《美育书简》，中国文联出版社 1984 年版。

反而会起到阻碍作用，学习的最终目的应该不只是单纯地在专业课取得好成绩，更是提高综合素质，成为一个全方位发展的人。所以，在当代教育课程设置中，我们应当注重艺术教育类课程，一方面，学校应该引进相关专业的老师来教授相关课程，这样就可以从师资力量方面让课程的教学得到保证；另一方面，我们也应当在社会中弘扬艺术类课程，学生在这一环节中其实是处于被动，因为他们无法选择学习的课程和教授老师，所以只有当教育部门以及各个学校的老师给予足够的重视，在社会形成一种重视艺术教育的风气，才能在大的教育环境下有效地开设艺术教育课程。

（四）完善与美育相关的评估体系和机制

民国时期的美育思想可谓是博大精深、色彩斑斓，但是有一点似乎没有引起学界注意，那就是当时的美育活动并未形成相关的评估体系和机制，而这又是美育开展过程中必不可少的重要方面。完善美育的评估体系和机制是一项极其复杂的工作，其中既包含对已有美育活动的充分评价，还涉及美育活动未来的发展走向和价值取向。建立美育相关的评估体系和机制，一方面，是对美育工作者现有成绩的肯定，树立、鼓励优秀的个人典型，从而发挥先进模范的作用，使现实生活中的美育活动不断向着积极、健康的方向发展；另一方面，由于美育包含的对象千变万化，有的时候即使在面对同一客观事物时，主体的个性心理也会有所不同，几乎很难用一个确定的数量加以衡量，而现实生活中没有定量的描述和分析，科学、公正的评价就难以实现。因此，应采用多种多样的形式来对审美活动和欣赏能力进行量化评估，比如，采用调查问卷的形式等。美育方面的评估工作要尽可能达到公正、公开、全面、客观，并且评价方式以及评价标准也应随着时间、地点以及人员的组合方式等而有所调整。要从根本上把美育的评估体系和机制工作做好，不能单纯依靠相关评估人员，社会各方面都应给予一定的关心和支持，同时还需要美育工作方面的专家团队认真、细致地研究，从而建立起一套适合中国国情的美育活动的评估体系和机制。

美育自诞生之日起就是中国教育体系当中一个重要的组成部分，今天，人们应在历史长河中发现美育的独特功能。当前，我们生活在一个科学技术和思想文化都飞速发展的时代，我国在经济、政治、文化等各个领域都在进行全面的探索。国民素质的提高是关系到整个社会改革成就的根本性问题，同样也是关系到中华民族的兴旺和国家前途命运的根本问题。为此，在教育层面的改革必须担当起培养各个方面人才的历史使命，要完成这一改革，施行美育势在必行。

第二节　新中国 70 多年美育思想的演进历程与基本经验

美育是作用于个人情感、陶冶个人心灵的素养教育。党的十八届三中全会在《中共中央全面深化改革若干重大问题的决定》中明确提出"改进美育教学，提高学生审美和人文素养"的要求。新时代背景下，人民对于美好事物以及美好生活也有了更高的向往和追求。如何提升全体国民的美育水平，促进学校美育事业发展，目前已成为教育界的热点。正如 2018 年习近平总书记在给中央美术学院老教授的回信中所言："做好美育工作，要坚持立德树人，扎根时代生活，遵循美育特点，弘扬中华美育精神，让祖国青年一代身心都健康成长。"① 自新中国成立以来，党和政府对于美育事业的发展做了不同时期的部署和规划。因此，笔者尝试回顾 70 多年来美育思想的历史演进轨迹，进而总结出 70 多年来美育思想建设的基本经验，最终对未来美育的实施提出构想和展望。

一、新中国 70 多年美育思想的演进历程

历史研究的首要任务是理清历史事实，使人们对某个思想有较为连贯和完整的了解。中国历史蕴含的经验、智慧和创造无比丰富。只有将历史事实弄清楚，才能在此基础上总结经验并探讨原因，展望未来。新中国成立以来，美育思想经历了起步与曲折、复苏与发展、重建与繁荣以及全面发展四个阶段。划分的依据有两点，一是参照社会发展与教育发展的阶段性特征，二是以美育思想自身的变化和政策导向。

（一）1949—1978 年：美育思想的起步与曲折

从总体上看，中华人民共和国成立后的 17 年属于社会主义建设的探索阶段。这一时期，教育事业成为我国社会主义改造和建设的重要工具，我国试图通过教育来培养社会所需人才，继而实现中国社会主义改造和建设。新中国成立之初，我国教育事业逐渐被重视，美育思想作为教育思想的重要组成部分，美育也得到了较为平稳的发展。但"文革"打破了这一局面，教育成为阶级斗争的重要工具，

---

① 《做好美育工作弘扬中华美育精神让祖国青年一代身心都健康成长》，《人民日报》，2018 年 8 月 31 日。

出现了越来越严重的"左"的偏差，美育思想也在某种程度偏离了初衷，导致社会主义教育事业承受了巨大损失。

新中国成立之初，百废待兴，这一时期中国共产党不仅高度重视经济的建设，同时也非常注重美育的发展。1951 年 3 月，新中国第一次全国教育工作会议提出："普通中学的宗旨和教育目标是使青年一代在智育、德育、体育、美育各方面获得全面发展，使之成为新民主主义社会自觉的积极的成员。"[①] 1952 年，我国院系调整，各级各类学校的课外活动开展得更加丰富多彩，社会美育的范围逐渐扩大，这也标志着美育开始向农村地区普及。1954 年 2 月，周恩来同志在政务会议上提道："我们向社会主义、共产主义社会前进，每个人要在德、智、体、美等方面均衡发展。"[②] 1955 年 5 月，国务院在全国文化教育工作会议中指出："提高中小学教育的质量必须贯彻全面发展的方针，注意学生的智育、德育、体育、美育，同时有步骤地实施基本的生产技术教育。"[③] 1956 年，教育部在《关于指导小学生阅读少年儿童读物的意见》中就美育的实施方式作出了明确规定，要求学生应当参加诗歌朗诵、演讲会等课外活动。1956 年 5 月，毛泽东同志在最高国务会议第七次会议上正式提出"双百方针"，即"百花齐放、百家争鸣"，其提倡文艺工作者在研究和创作的过程中应当有独立的自由，有批评的自由，有发表意见的自由。这一方针的提出极大程度上解放了文艺工作者的创作观念，也标志着中国共

---

① 中央教育科学研究所编：《中华人民共和国教育大事记（1949—1982）》，教育科学出版社 1983 年版。

② 何东昌：《中华人民共和国重要教育文献（1949—1975）》，海南出版社 1998 年版。

③ 北京师范大学教育科学研究院：《中小学教育政策法令选编（1949—1966）》，北京师范大学出版社 1979 年版。

产党对科学文化工作基本性地位的认知深化。从新中国成立至1956年，美育明确成为我国全面发展教育方针的重要组成部分，艺术课程的设置以及美育实践活动的开展都意味着美育在新中国的起步。

1957年以后，美育事业发展较为曲折。1957年，毛泽东同志指出："我们的教育方针，应该使受教育者在德育、智育、体育几方面都得到发展，成为有社会主义觉悟的有文化的劳动者。"[①] 毛泽东同志将美育从教育方针中除名，"五育"调整为"三育"。1958年，中共中央和国务院颁布的《关于教育工作的指示》进一步将德、智、体作为我国的教育目标，甚至将《教育学》中关于美育的篇章删除。由于毛泽东同志提到的教育方针中并未涉及美育，这也就导致接下来的一段时间里国家层面谈到教育方针、全面发展的问题时将重点都聚焦在教育思想与生产实践活动的结合，即脑力劳动和体力劳动的结合。由于美育在实际教学活动中缺席，这一时期的美育思想及建设相对停滞，甚至被人所遗忘。

"文革"期间，美育的理论成果及实践活动并不丰富，极化政治禁锢了人们的思想，大量的文艺创作在这种环境中无法得到自由发挥和发展，美育的育人功能逐渐丧失。总体来看，在"文革"时期各类学校的音乐、美术课受到了极大的冲击，为数众多的美育教师受到批斗和迫害。

（二）1978—1999年：美育思想的复苏与发展

改革开放以来，我国进入了教育现代化的起步阶段，美育思想也得到了较为快速的完善和发展。80年代，美育事业被重新列入国

---

① 何东昌：《中华人民共和国重要教育文献（1949—1975）》，海南出版社1998年版。

家教育方针大纲当中，90 年代，美育被写入具有法律性质的文件当中，并将各阶段的美育课程进行了初步谋划和构想。可见，美育思想在这时期得到新一轮的发展，并且初具雏形。

1976 年 10 月"四人帮"被粉碎后，人们出于自身的实际需要和发展需求，迫切地学习美育知识以及开展各类审美活动。随着十一届三中全会确定了解放思想、实事求是的思想路线，我国美育事业的建设重回正轨，得到了健康、持续性的发展。1979 年 5 月，时任教育部副部长张承先在答《人民音乐》记者问时说："音乐、美术都是进行美育的重要手段，美育是培养学生德智体全面发展的重要组成部分。"① 这是改革开放以来，首次肯定美育在促进学生的全面发展中起到基础性的作用。20 世纪 80 年代以来，美育在中国教育界以及学术界逐渐受到重视。1981 年 1 月，教育部、文化部联合颁布的《关于当前艺术教育事业的若干问题的意见》提出各级教育文化部门必须重视艺术教育的地位和作用。1986 年 3 月，《关于第七个五年计划的发展报告》明确指出，各类学校必须认真贯彻德智体美全面发展的教育方针，美育重新被列入国家教育方针当中。1986年 12 月，彭珮云在国家教委艺术教育委员会成立大会上再次强调，美育是社会主义精神文明建设的重要组成部分。1989 年 11 月，我国第一个全国学校艺术教育的纲领性文件——《全国学校艺术教育总体规划（1989—2000）》出台，《规划》强调我国学校教育的根本任务是坚持为社会主义建设服务的方向，培养德、智、体、美、劳全面发展，有道德、有文化、有纪律的一代新人。我国美育建设事

---

① 《关于中小学音乐教育问题——教育部副部长张承先答本刊记者问》，《人民音乐》1979 年第 6 期。

业步入可持续的发展轨道。

20 世纪 90 年代，随着社会主义市场经济的建立与发展，我国美育事业建设获得前所未有的发展机遇，美育思想得到重视并被重新写入具有法规性质的文件当中。1993 年 2 月，中共中央、国务院颁布的《国家教育改革和发展纲要》明确指出："要提高认识，发挥美育在教育教学中的作用，根据各级各类学校的不同情况，开展形式多样的美育活动。"[1] 1994 年 8 月，教育部颁布的《中共中央关于进一步加强和改进学校德育工作的若干意见》中提道："要在九年义务当中进一步落实音乐、体育、美术等课程。"[2] 1995 年 11 月，《中国普通高等学校德育大纲》将德育目标定为"培养具有健康、高雅的审美情趣和正确的审美观点，具有辨别美、丑的能力，自觉创造美的生活"。[3] 1998 年，教育部颁布的《面向 21 世纪教育振兴行动计划》提到："美育不仅能培养学生有高尚情操，还能激发学生学习活力，促进智力的开发，培养学生创新能力。"[4] 这再一次肯定了美育对于个人全面发展的关键性作用。可见，这一时期的美育思想，不仅用具有法规性质的文件加以保障，同时也根据实际情况，从实践活动、课程设计以及教育目标等方面进行了完善和补充。

（三）1999—2012 年：美育思想的崛起与繁荣

随着改革开放的不断深入，我国领导人的重要讲话以及教育政

---

① 《十四大以来重要文献选编》上，人民出版社 1997 年版。
② 《中共中央关于进一步加强和改进学校德育工作的若干意见》，中华人民共和国教育部网，1994 年 8 月 31 日。
③ 《加强和改进大学生思想政治教育重要文献选编（1978—2014）》，知识产权出版社 2015 年版。
④ 《面向 21 世纪教育振兴行动计划》，中华人民共和国教育部网，1998 年 12 月 24 日。

策中关于美育的表述也逐渐发生变化。这一时期，美育首次被写入教育方针的发展大纲，对美育的理解从片面的知识传授拓展为个人全面发展的素质教育，反映出党和国家对于美育的宏观认识和部署不断深化和推进。

在 1999 年 6 月召开的第三次全国教育工作大会上，美育首次被写入教育方针的发展大纲，并以官方文件的形式对美育的地位和作用做出了明确说明。这是我国首次将美育同德育、智育、体育一起纳入国家教育方针，充分说明我国美育事业的建设受到了全社会的关注，也对美育事业持续深入发展起到了关键性作用。2000 年之后，我国的发展进入一个新的局面，伴随着数字媒体的兴起以及人们精神文化需求的增强，大众文化也逐渐渗透到人们生活的方方面面。2001 年 6 月，李岚清在全国基础教育工作会议上指出："坚决摒弃应试教育的弊端，切实推进素质教育，使青少年在德智体美等方面得到全面发展，健康成长。"① 2002 年 11 月，党的十六大报告指出："培养德智体美全面发展的社会主义事业建设者和接班人。"② 至此，美育在教育方针的地位得到了恢复和稳固。之后的几年，美育事业平稳发展。2010 年 3 月，中共中央、国务院印发的《国家中长期教育改革和发展规划纲要（2010—2020）》中进一步指出，要"加强美育，培养学生良好的审美情趣和人文素养。"③ 一言概之，美育在这一阶段得到了党和政府的高度重视，特别是其在教育方针中地位的恢复，更是为我国美育崛起和繁荣注入了一剂强心针。

① 何东昌：《中华人民共和国重要教育文献（1949—1975）》，海南出版社 1998 年版。
② 江泽民：《全面建设小康社会，开创中国特色社会主义事业新局面》，人民出版社 2002 年版。
③ 《国家中长期教育改革和发展规划纲要（2010—2020 年）》，人民出版社 2010 年版。

（四）2012 年至今：美育思想发展的新阶段

党的十八大以来，经过长期努力，中国特色社会主义进入了新时代，这是我国发展新的历史方位。这一重要论断不仅表明我国社会发展已经进入了新的发展阶段，同时也预示着当代美育思想有了新的时代定位。新的发展阶段，我们对美育作用和价值的认识发生了具有质变意义的飞跃。我们不仅重视美育对于推进素质教育的重要意义，同时更加强调美育对于提高个人审美能力以及审美情趣的重要作用，肯定美育对推进中华民族伟大复兴提供的坚实精神基础。

党的十八大以来，中国共产党更加注重美育事业的发展以及对个人全面发展的重要作用。2013 年 11 月，党的十八届三中全会提出"改进美育教学，提高学生审美和人文素养"。2014 年 1 月，教育部颁布的《关于推进学校艺术教育发展的若干意见》中提道："自2015 年开始对中小学和中等职业学校进行艺术素质测评，并将测评结果纳入学生成长档案。"① 2014 年 3 月，习近平主席在联合国教科文组织总部的演讲中提出："我们要积极发展教育事业，通过普及教育，启迪心智，传承知识，陶冶情操，使人们在持续的格物致知中更好认识各种文明的价值，让教育为文明传承和创造服务。"② 同年10 月，习近平总书记在文艺工作座谈会上的讲话，共计 40 处提及"美"这个字，这一现象在以往党和国家领导人中是不常见的，具有重要的理论价值和现实意义。

---

① 《教育部关于推进学校艺术教育发展的若干意见》，中华人民共和国教育部网，2014年 1 月 24 日。

② 习近平：《在联合国教科文组织总部的演讲》，中华人民共和国中央人民政府网，2014 年 3 月 28 日。

党的十九大报告更进一步提出人们对美好生活的迫切追求与现实需要，如提出要建设富强民主文明和谐美丽的中国，其中打造"美丽中国"也是指人们精神世界的完善以及提升。另外，新时代，我国社会主要矛盾是人民日益增长的美好生活需求和不平衡不充分发展之间的矛盾，人的需要与社会匮乏之间的矛盾是人类社会发展的原始动力，故此人们对美好生活的追求以及美育活动的缺乏将成为新时代美育事业发展的助推力。教育是国之大计、党之大计。2018 年 9 月，习近平总书记在全国教育大会上的讲话指出，"坚持以美育人、以文化人，提高学生审美和人文素养"，"要努力构建德智体美劳全面培养的教育体系，形成更高水平的人才培养体系"，"进一步深化培养什么人，怎样培养人以及为谁培养人"这一理念，明确这是教育的首要问题。"坚持中国特色社会主义教育发展道路，培养'德、智、体、美、劳'全面发展的社会主义建设者和接班人"。① 可见，新时代美育得到了前所未有的重视，不仅有大量的法规政策规定当代美育实施的细则和规范，还将美育与现代教育事业紧密结合，改进美育教学、艺术素质测评、培育时代新人以及培育全方位发展的人才成为新时代美育思想发展的主题和重点。

二、新中国 70 多年美育思想演进的基本经验

跨越新中国 70 多年的历史，中国共产党美育思想有规律和经验

① 《习近平在全国教育大会上的重要讲话引起热烈反响：全力推动新时代教育工作迈上新台阶》，《人民日报》，2018 年 9 月 12 日。

可寻，"它不是相似性，而是历史现象之间的本质联系，是可重复性"。[①] 换言之，历史基本规律和经验在本质上是一种联系，是贯穿于历史事件中主体之间较为稳定的、必然的、内在的联系，此种联系也会随着历史不断更新。对于中国共产党美育思想的演进而言，其基本经验应该是其必须始终坚持的根本性联系，以及在历史中应对具有重复性和更新性事件的经验提升。新中国成立70多年以来，在不同的历史发展阶段，美育思想展现出不同的具体主张与时代风貌，且有许多成功的经验可以探寻，主要表现在以下四个方面：

（一）中国共产党的领导是美育思想演进的认识论基础

从新中国70多年美育思想的历史演进中不难发现，中国共产党始终坚持对美育思想的领导地位，这是美育思想演进的认识论基础。中国共产党领导是中国特色社会主义事业建设最为本质的特征，是中国特色社会主义制度的最大优势。要实现美育对于个人全面发展的推进作用，就要毫不动摇地坚持党的领导。党的坚强领导和大力支持是促进美育建设的重要动力。新中国成立以来，中国共产党人根据时代的具体情况，不断更新美育主张。新中国成立之初美育起步，1957年美育地位逐渐下降，强调教育要为政治服务，教育与生产实践相结合，"文革"时期曾一度出现削弱、轻视甚至是取缔美育的趋势。但随着改革开放的到来，国民思想开始解放，物质资料的丰富推动了人们追求美好事物。迈入21世纪，人们的思想观念进一步解放，对于美好事物的追求和审美情趣能力的提高更为迫切。党

[①]　陈先达：《历史唯物主义的史学功能——论历史事实·历史现象·历史规律》，《中国社会科学》2011年第2期。

的十九大报告指出，社会主要矛盾转变为人民日益增长的美好生活需要和不平衡不充分的发展之间的矛盾，凸显了人们对于审美能力和审美情趣以及美好事物的追求。可见，新中国成立以来，美育的建设从起步到如今的全新发展，中国共产党始终都占据关键性的领导地位，美育事业也一直处于全面、科学的探索当中，以期提高国民的审美能力。

（二）以人民为中心是美育思想演进的价值论支柱

美育不具备特定的指向性和选择性，而是面向社会的普通大众。美育事业发展的过程必须注重个体的主体地位，也就是说美育方案的制定必须符合不同群体的身心发展以及成长规律，不可以脱离主体的特点单独制定偏离实际的美育方案，这是美育思想演进的价值论支柱。新中国成立以来，我国美育事业建设始终围绕"人"这一主体充分展开，美育来源于个人，最终也将作用于个人。1954年，周恩来同志在政务会议上强调每个人都要在德智体美得到全面的发展。1956年，教育部在《关于指导小学生阅读少年儿童读物的意见》中就美育的实施方式做出了明确规定，合理设置艺术课程以及广泛开展美育实践活动成为这一时期美育发展的重点方向。同年"双百方针"的提出，极大程度上解放了文艺工作者的创作观念，更加凸显文艺创作的过程中应当充分发挥个人的主观能动性。1998年，教育部颁布的《面向21世纪教育振兴活动计划》中提到美育不仅能培养学生的高尚情操，还能促进智力的开发以及培养学生的创新能力，凸显出美育对于个体发展的重要作用。进入新时代以来，随着社会的发展和进步，中国共产党意识到社会主要矛盾的转变以及人们对于美好事物的追求日益迫切，因此，新时代有必要加强对大众的美育教育，以期提高他们的审美能力和审美情趣。可见，无论我国处于什么样的发展阶段，美育方案的制定以及实践活动的开展始终重视个体的中心地位，以期实现美育旨在个体全面自由发展的目标。

（三）回应时代之问是美育思想演进的实践论精髓

新中国成立以来，美育事业的发展并不是一帆风顺的，呈现出在曲折中发展的艰难历程。幸而，美育思想与时俱进，不断根据时代变化以及人们的需求来调整以及更新思想内涵，以更好地服务于个体、学校和社会，这是美育思想演进的实践论精髓。新中国成立之初，美育在教育体系当中占有一定的地位，尽管当时的物质条件十分有限，但毕竟也是一个良好的开端。1957 年至 1966 年，美育的独立地位逐渐丧失，成了德育、智育以及体育的附属品。"文革"期间美育呈现消退的趋势。"文革"结束后，由于人们对于"美"的追求，美育得到了一定的发展，但是直到 2000 年，美育才恢复了独立地位，与德育、智育、体育并列。之后的一段时间里，美育作为一门独立的教育，得到了较为平稳的发展。进入新时代，社会主要矛盾的转变彰显了人们对于精神世界以及美好事物的追求更加迫切，也是美育空前发展的机遇。当然，对于美育事业的建设，我们不能指望通过短期的教育就能促进全体国民审美能力和审美情趣的提高。美育的发展通常需要一个健康良好的文艺环境，要想提高国民的审美，我们必须在全社会形成追求"美"社会氛围，为国民提供较为宽松、健康的社会环境。当然，伴随着国力的增强和中国共产党对于美育事业的重视，我们对未来美育事业的发展保持着积极向上的心态。

（四）政策保障实施是美育思想演进的关键保障

切实保障美育思想落地，除了根据时代变化与个体需求进行美育思想调整以外，还需要制定相关政策加以保障。纵观 70 多年美育思想的演进历程，美育的实施一般都依赖于一个时期内的特定政策，这是美育思想演进的关键保障。中国共产党早在 1955 年 5 月的全国文化教育工作会议就明确了德智体美四者均衡发展的重要性。1989 年 11 月，《全国学校艺术教育总体规划（1989—2000）》规定了学校教育的根本方向是为了培育德智体美劳全方位发展的时代新人。1995 年 11 月，《中国普通高校学校德育大纲》明确了德育目标是培养具有健康、高雅的审美情趣和正确的审美观点的个体。2010 年 3 月，《国家中长期教育改革和发展规划纲要（2010—2020）》明确指出，要加强美育，培养学生良好的审美情趣和人文素养。党的十八大以来，习近平总书记在文艺工作座谈会、全国教育大会、给中央美术学院老教授的回信中多次强调美育的重要性。2014 年 1 月，《关于推进学校艺术教育发展的若干意见》规定艺术课程循序渐进、分学段开展，艺术类活动显著增多、艺术手段丰富，建立符合素质教育要求的大、中、小学相衔接的，具有中国特色的学校艺术教育体系。2015 年 9 月，国务院办公厅印发《关于全面加强和改进学校美育工作的意见》，从总体要求、构建科学的美育课程体系、大力改进美育教育教学、统筹整合学校与社会美育资源、保障学校美育健康发展五方面进一步规划了美育工作。可见，美育思想的贯彻与践行必然借助于一定的政策法规加以保障，它就像是美育实施的一个重要前提，美育思想在政策法规保障中得到了补充和完善，同时，美育思想也在实施的过程中发现问题、解决问题。两者相互补充，相辅相成。

三、新时代美育事业建设的未来展望

分析中国共产党美育思想的历史演变以及基本经验，是为了更好地把握未来，促进大众审美的提高以及整个社会文明的进步。基于理论与实践，新时代我国美育事业建设的未来展望主要体现在以下几个维度：

（一）注重审美活动的启蒙，制定层次分明的美育方案

随着综合国力的不断增强，人们的生活水平得到了飞跃式提升，但是大众对于艺术和美育仍然缺乏较为充分的认识和实践。审美启蒙活动作为美育活动的开端，是指对幼儿进行感受、欣赏、创造、思维、潜力等多方面的启发，注重保护好幼儿跳跃性、非线性的艺术思维和创造力。目前美育对于儿童时期的关注度不够，采取的教育方式也难以发展出儿童对于生命、对于世界、对于"美"充分的想象力和感知力。幸运的人一生都被童年治愈。童年审美活动的启蒙，是人一生追寻"美"的良好开端，在童年时期所沉淀的关乎美的感知和感悟将会促进健康人格的养成和多彩人生的塑造。

童年时期是美育认识启蒙的关键时期，国民教育是加强美育的主要阵地，学校教育应当制订层次分明的培养方案。课堂是开展美育教学的主要场所，应当从小抓起，从学校教育抓起。抓好课堂教学，能够理清美育的源头，使美育更容易为广大学生所接受。比如，在中小学阶段，学生对于美育更多的是接受和领略。因此，这时的教育除了让学生接受美术、音乐等课程以外，还应当开设艺术鉴赏、

中华优秀传统文化等课程，这不仅可以加强学生对我国历史文化更为深入的了解，同时也可以促进学生审美能力和审美情趣的提高。

需要注意的是，由于"美"的形象在社会中四处可寻、随处可见，因此，应当引导学生在社会实践活动中感受美、发现美、创造美。不管是什么样的教育，只有将理论与实践相结合，才能更好地发挥其实际效用。比如，可以通过户外"游学"、参观博物馆、艺术展览等促进学生美育的落实。在高等教育阶段，各高校应当高度重视美育课程构建，美育相关的大类课程应当成为每个学生的必修课，因为，中国有着五千多年悠久历史传统文化，中华优秀传统文化不仅在历史演进中发挥着重要作用，在现实生活当中对于人们的思想观念以及实践活动也产生了重要影响。因此，可以利用优秀传统文化来涵养广大民众，应当在全社会广泛开展美育活动，如在博物馆等场地进行定期的宣传教育。

（二）拓宽美育的活动载体，构建三位一体的美育模式

发挥家庭美育的阵地优势、学校美育的条件优势、社会美育的层次优势，全方位、多层次地提高全民的审美水平。家庭美育、学校美育、社会美育三者的强强联合，可以最大程度提高全民的审美能力和审美情趣。第一，家庭是人生的起点，同时也是美育的起点。2018年9月，习近平总书记在全国教育大会上的讲话中提道："家庭是人生的第一所学校，家长是孩子的第一任老师，要给孩子讲好'人生第一课'，帮助扣好人生第一粒扣子。"[①] 家庭作为个人第一个

---

① 《坚持中国特色社会主义教育发展道路培养德智体美劳全面发展的社会主义建设者和接班人》，《人民日报》，2018年9月11日。

接触和成长的环境，对个人的影响是十分深刻的，家庭美育给一个人的作用是最深远持久的。首先，家庭中应当营造健康良好的艺术氛围，全家人可以利用周末等其他的空闲时间一起去做一些有利于身心放松的事情，比如看电影、学乐器、旅游等。其次，还应当建立融洽的家庭关系。家庭成员之间应当互相关心，尽可能多地进行情感上的交流，建立和谐融洽的家庭关系。第二，学校是美育的重要阵地。首先，学校要认识到美育的丰富内涵，建立系统的美育理论体系和实践体系，突出时代性和现实性，打造以文化人、以美育人的环境。其次，提供广泛而自由的美育平台，包含但不限于影视作品、文学艺术、书法艺术等，以多种形式开展美育活动，倡导以学生为主体的多元美育教育，陶冶学生情操，促进学生审美能力的提高。最后，加强高校与政府间及其他社会组织的联系与合作，吸引更多的文化设施和文化建设在高校布局，推动高校内外艺术资源和文化资源的共建共享。第三，社会不仅是一所包罗万象的学校，同时也是学生接受美育最为直接的课堂。首先，应当利用各种社会景观进行美育，加强对人文景观和自然景观的开发与利用，同时也能促进当地旅游业和经济带的发展。其次，还应利用各种公共文化设施进行美育，充分认识到博物馆、艺术馆等其他文化场馆对于广大人民的重要影响，免费开放并配备一定的解说人员帮助参观者理解展览内容深层含义。

（三）构筑美育的政策导向，完善学校美育保障体系

国家政策的出台能够传递出鲜明的价值导向，2015 年《国务院办公厅关于全面加强和改进学校美育工作的意见》更是将国家对于美育的重视纲举目张地展现出来，为构筑美育的政策导向提供了构

建框架。换言之，构筑美育的政策导向并完善学校美育保障体系，可以从构建科学的美育课程体系、大力改进美育教育教学、统筹整合学校与社会美育资源、保障学校美育健康发展这四处着手，细化学校美育的各项标准，包括教师配比、课程设置、课时数、实践活动开展、学生艺术素养标准等。上述标准须符合学校实际情况和国家美育政策，以制度化、标准化推进现阶段美育事业，才能切实确保学校美育保质保量开展，以防出现部分学校美育开展不足的情况。此外，对于学校美育开展也应进行考评，采用多种多样的形式来对审美活动和欣赏能力进行量化评估，比如采用调查问卷的形式等；美育方面的评估工作要尽可能达到公正、公开、全面、客观，并且评价的方式以及评价的标准也应与时俱进，不断完善。

（四）放眼美育的国际视野，构建中国特色美育体系

美育建设的国际视野是经济全球化与中国发展综合作用的必然结果。一方面，伴随着经济全球化的推进，美育建设突破了空间限制，美育全球化已经成了一种不可逆转的趋势。另一方面，随着中国国力的提高以及在全球事务中的广泛影响，我国也需要提高全民的审美能力。当前，伴随着西方美育思想的发展，西方美育的实践进程也在不断推进，美育的重要性得到进一步凸显。目前，欧美各国都在加快学生的艺术教育进程，在学习艺术史、雕塑、绘画、摄影等方面都出现了前所未有的热潮。因此，我国应当投身于全球视野的浪潮中，加强对美育事业建设的重视。党的十八大以来，习近平新时代中国特色社会主义思想实现了对西方"文明冲突论"以及西方中心主义等论调的超越，彰显了中国特色社会主义发展道路的道路自信、理论自信、制度自信和文化自信，以中国话语、中

国理论、中国概念来总结中国经验，表达中国主张。构建中国特色美育体系，应当坚持马克思主义美育思想的指导地位，从中国实际情况出发，真正结合当代学生的精神文化需求，紧扣学生思想的交汇点，找准学生思想的共鸣点，从中华优秀传统文化、革命文化以及社会主义先进文化当中挖掘能够适用于当代的内容，并结合我国国情、社会发展和时代需求赋予美育新的内涵和方式，使其更符合当代学生的实际需求；同时在形式上应当尽可能用喜闻乐见、通俗易懂的方式去感染和熏陶，综合运用各种有效手段，包括新兴媒体、互联网络以及现代科技的传播与宣传，开发利用美育的方式和载体，为提高当代学生的审美情趣和审美趣味提供一定的方法。此外，还应当注意，构建中国特色美育体系必然是一个缓慢且漫长的过程，现实效果会随着美育的实施逐渐呈现。因此，要结合本国的国情，制订可行的美育方案，不可过分、盲目地追求美育发展的速度和效果，要充分意识到目前美育方面的不足，对当前美育事业建设进行优化和引导，制定具体而又可行的目标。

第三节 新中国 70 多年美育融入高校思政课的回顾与经验

美育，亦称美感教育或审美教育，是指借助自然美、艺术美、社会美的形式进行教育的一种方式，旨在提高学生感受美和创造美的能力。"融入"，通常指精神层面的融合和接纳。"美育融入思想政治理论课"，指将美育元素有效融入与渗透到思想政治理论课的教学全过程，以促进学生德智体美劳全面发展。高校思想政治理论课是对大学生进行系统、扎实、科学的思想政治教育，[①] 不仅体现了我国办学的本质属性和内在要求，也是高校落实立德树人的时代使命，还是促进我国高等教育内涵式增长的必然举措。自新中国成立以来，政府相关部门对于美育事业的发展做了不同时期的规划与部署，各个时期的高校思政课也渗透着美育思想和理念。本文通过回顾新中国 70 多年来美育融入高校思政课的演进历程，归纳新中国 70 多年美育融入高校思政课的基本经验，总结出新时代背景下美育融入高校思政课的当代启示。

一、新中国 70 多年美育融入高校思政课的演进历程

中国美育思想可谓内涵丰富、意蕴深远。中国共产党自成立以来，就十分重视思想政治教育。关于新中国 70 多年美育融入高校思政课的演进历程，大致可以划分为 1949—1978 年的初创与曲折、1978—2012 年的复苏与发展及 2012 年以来的继承与创新 3 个阶段。总体而言，美育融入高校思政课的进程大致与美育思想在中国发展的阶段大致吻合。

（一）1949—1978 年：美育融入高校思政课的初创与曲折阶段

从总体上看，自 1949 年 10 月中华人民共和国成立到 1966 年，这 17 年间属于社会主义改造、建设的探索阶段。这一时期，教育事业成为我国社会主义改造和建设的重要工具，我国试图通过教育来

---

① 李庆阳，李斌：《创新高校思想政治理论课实践教学育人模式的思考》，《沈阳大学学报（社会科学版）》2016 年第 3 期。

培养社会所需的人才，继而实现中国社会主义改造和建设。新中国成立之初，我国教育事业逐渐被重视，美育作为教育事业的重要组成部分，也得到了较为平稳的发展。1951 年 3 月，教育部召开的第一次全国中等教育会议当中明确指出"学生全面发展的问题"，并明确了美育是学校教育的一个有机组成部分。1953 年中共中央和毛泽东主席提出"身体好、学习好、工作好"①的"三好"方针后，高等学校根据政治思想教育工作方针，结合教学及各类社会活动和文娱体育活动进行改进。这一时期，学校通过广泛开展舞蹈社、墙报社、歌咏团等多种多样的活动形式，把广大学生吸收到这些活动中来。②更为重要的是引导学生适当地参加各类有益于青年身心健康发展的活动，如看电影、参观、旅行等，并到工厂或农村做些社会服务工作，丰富大学生的日常学习生活来提升他们的审美素养。1958 年，在中共中央和国务院颁布的《关于教育工作的指示》中进一步将德、智、体作为我国的教育目标，甚至将《教育学》中关于美育的篇章删除。③"文革"更进一步恶化了美育在学校中的发展，教育成为阶级斗争的工具，出现了越来越严重的"左"的偏差，美育思想偏离了初衷，美育与高校思政课的融入也逐步减缓，导致中国社会主义教育事业在这一时期产生了巨大损失。总的来看，在"文革"时期各类学校的音乐课、美术课受到了极大的冲击所谓。

---

① 《普通高校思想政治理论课文献选编（1949—2008）》，中国人民大学出版社 2018 年版。
② 《普通高校思想政治理论课文献选编（1949—2008）》，中国人民大学出版社 2018 年版。
③ 《普通高校思想政治理论课文献选编（1949—2008）》，中国人民大学出版社 2018 年版。

（二）1978—2012 年：美育融入高校思政课的复苏与发展阶段

改革开放以来，我国进入了教育现代化的起步阶段，美育思想得到了较为快速的完善，美育融入高校思政课也得到了一定的发展。20 世纪 80 年代，美育事业重新被列入国家教育方针大纲当中；90 年代，美育被写入具有法律性质的文件当中，并将各阶段的美育课程和具体实施进行了初步谋划和构想。这一时期，高校全方位开展专题报告会、讲座及文娱、体育活动等具有感染力和号召力的课外活动，培养学生高尚的审美情趣和广泛的知识兴趣。1985 年《中共中央关于改革学校思想品德和政治理论课程教学的通知》指出："小学教育中，配合语文、历史、艺术课和课外活动的内容，以生动的形象、具体的形式、多样的载体，由远及近地进行以'五讲四美'和'五爱'为中心的社会常识和社会道德教育；中学教育中，开展社会发展规律以及社会主义建设常识教育，使学生逐步养成社会主义人道主义的道德品质和高尚的审美情趣；大学教育中，强调适时在各项教育活动中穿插各种切合学生需要的时事教育、文学教育、艺术教育。"[1] 1994 年，《中共中央关于进一步加强和改进学校德育工作的若干意见》明确指出，要在九年义务教育阶段进一步落实音乐、美术、体育等课程设置，并积极在普通高校和高中阶段开设艺术选修课程，全面提升学生的欣赏水平和艺术修养。在城镇建设中，要注意兴建博物馆、艺术馆、图书馆、科学馆等基础设施，[2] 为开展

---

[1] 《普通高校思想政治理论课文献选编（1949—2008）》，中国人民大学出版社 2018 年版。

[2] 《普通高校思想政治理论课文献选编（1949—2008）》，中国人民大学出版社 2018 年版。

相关活动提供必要场所。1995 年，国家教委颁布试行《中国普通高等学校德育大纲》的通知中指出：高校德育培育的目标是使学生具备健康、高雅的审美情趣和正确的审美观，努力培育辨别美、丑的能力，自觉创造美的能力；培育内容则细化为审美观念教育、审美情趣教育及审美能力的培养。① 可见，美育融入高校思政课在此时得到新一轮发展，并且初具雏形，较为完备。随着改革开放的不断深入，我国领导人在关于教育政策的重要讲话中，有关美育及思政课的表述也逐渐发生了变化。这一时期，美育首次被写入教育方针的发展大纲，对美育的理解从片面的知识传授拓展为个人全面发展的素质教育，反映出党和国家对于美育的认识和部署也在不断深化。

（三）2012 年至今：美育融入高校思政课的继承与创新阶段

党的十八大以来，中国共产党更加注重美育事业的发展及美育与高校思政课的结合度和融合度。2013 年 11 月，党的十八届三中全会提出了改进美育教学、提高学生审美和人文素养的重要举措。2014 年 1 月，教育部颁布的《关于推进学校艺术教育发展的若干意见》中提道："自 2015 年开始对中小学和中等职业学校进行艺术素质测评，并将测评结果纳入学生成长档案。"② 2014 年 3 月，习近平主席在联合国教科文组织总部的演讲中提出："我们要积极发展教育事业，通过普及教育，启迪心智，传承知识，陶冶情操。"③ 2018 年习近平总书记在全国教育大会上的讲话指出"要努力构建德智体美

---

① 《普通高校思想政治理论课文献选编（1949—2008）》，中国人民大学出版社 2018 年版。

② 《教育部关于推进学校艺术教育发展的若干意见》，中华人民共和国教育部网，2014 年 1 月 24 日。

③ 习近平：《在联合国教科文组织总部的演讲》，《人民日报》，2014 年 3 月 28 日。

劳全面培养的教育体系，形成更高水平的人才培养体系。"[1] 2019 年 3 月，教育部印发的《关于切实加强新时代高等学校美育工作的意见》对新时代高校美育改革的发展提出了明确要求，普通高校要强化面向全体学生普及艺术教育、弘扬中华美育精神的意识与行动。2019 年 6 月，习近平主席应普京邀请，在圣彼得堡国际经济论坛的致辞中引用名言"美能拯救世界"[2]，虽然当时的语境是针对优化生态环境提出的，但是生态美育作为美育的重要组成部分，不难延伸出当前美育对于社会、国家甚至全世界都具有重要意义。新的发展阶段，我们对美育作用和价值的认识，发生了具有质变意义的飞跃。我们不仅重视美育对于推进素质教育的重要意义，还更加强调美育对于提高个人审美能力及审美情趣的重要作用，肯定美育融入高校思政课的现实效用，重视美育对培养社会主义接班人及推进中华民族伟大复兴的重要意义。

二、新中国 70 多年美育融入高校思政课的基本经验

跨越新中国 70 多年的历史，美育融入高校思政课有规律和经验可循。历史基本规律和经验在本质上是一种联系，是贯穿于历史事件之中、主体之间较为稳定的、必然的、内在的联系，此种联系也会随着历史的变迁不断地更新。新中国 70 多年美育融入高校思政课的基本经验主要表现在：中国共产党的领导是美育融入高校思政课

---

① 董洪亮等：《习近平在全国教育大会上的重要讲话引起热烈反响：全力推动新时代教育工作迈上新台阶》，《人民日报》，2018 年 9 月 12 日。

② 习近平：《坚持可持续发展共创繁荣美好世界：在第二十三届圣彼得堡国际经济论坛全会上的致辞》，《人民日报》，2019 年 6 月 8 日。

的根本保证，社会发展程度是美育融入高校思政课的重要保障条件，以大学生全面发展为中心是美育融入高校思政课的重要目标，构建协调育人机制是美育融入高校思政课的制度基础。

（一）中国共产党的领导是美育融入高校思政课的根本保证

纵观新中国 70 多年美育融入高校思政课的演进历程，不难发现中国共产党的领导是美育融入高校思政课的根本保证。中国共产党领导是中国特色社会主义的本质特征，也是中国特色社会主义制度的最大优势。要推进美育融入高校思政课的进程，就要毫不动摇地坚持党的绝对领导。伴随中国改革开放的进程，人民思想开始解放，物质资料的丰富推动了人们对于美好事物的追求。充分依靠和调动广大教师的积极性，在小学、中学及大学阶段都应当全面实施艺术教育，使学生逐步养成符合社会主义核心价值观的道德品质和高尚的审美情趣。各级党委和政府要站在战略和全局的高度，切实加强对学生思想政治教育工作的领导，充分认识、加强和改进思想政治教育的重大意义，通过开展丰富多彩、积极向上的艺术和娱乐活动，把德育、智育、体育和美育有机地结合起来，开展特色鲜明、吸引力强的教育活动。

（二）社会发展程度是美育融入高校思政课的重要保障条件

思想政治工作是党一切工作的生命线，是与党和国家的革命、建设和改革呈现一致的前进方向，是与我国历史发展同步而行。为了充分发挥我国社会主义制度的优越性，以期培养社会主义所需的专业人才，必须紧密联系国家发展、社会状况及学生特点等基本问题，促使美育有效融入高校思政课的教学全过程。新中国建立之初，由于这一时期的经济水平总体偏低，在人们的温饱问题都难以解决的情况下，空谈美育融入高校思政课当中显得不合时宜。因此，这一时期美育融入高校思政课主要强调的是促进个人德智体美劳的全方位发展，但实施大纲和具体措施较为模糊、不够明确。改革开放以来，随着人们物质生活水平的提高及对于新生事物和美好生活的追求，在这一时期，美育元素较好地融入了高校思政课当中。2001年6月，李岚清在全国基础教育工作会议上指出："坚决摒弃应试教育的弊端，切实推进素质教育，使青少年在德智体美等方面得到全面发展，健康成长。"[①] 2018年9月，习近平总书记在全国教育大会上的讲话中明确指出："努力构建德智体美劳全面培养的教育体系，形成更高水平的人才培养体系。"[②] 可见，随着社会物质生活及人们精神生活的不断发展与提高，人们对于美好事物的追求也日益增长，这与社会发展水平密切相关。可以说，社会发展水平与美育融入高校思政课的程度呈正相关关系。

（三）以大学生全面发展为中心是美育融入高校思政课的重要目标

大学生是现实生活中的鲜活个体，其价值判断、思想特征、思维模式往往受同一时期的经济条件、生活习惯、社会条件等多方面现实因素的制约。美育融入高校思政课的过程必须注重个体的主体地位，也就是说美育融入高校思政课的方案制定必须符合不同群体的身心发展及成长规律，不可以脱离主体的特点单独地制订偏离实

---

① 何东昌：《中华人民共和国重要教育文献（1949—1975）》，海南出版社1998年版。
② 习近平：《做好美育工作弘扬中华美育精神让祖国青年一代身心都健康成长》，《人民日报》，2018年8月31日。

际的策略与方式方法。在形式上，不能根据简单的理论逻辑对学生进行理论知识讲授，应当密切关注学生的成长和认知发展的规律，注重教育教学的内在逻辑，这是美育融入高校思政课的科学基础。新中国成立以来，我国美育融入高校思政课始终围绕"人"这一主体充分展开，美育来源于个人，最终也将作用于个人。新时代背景下，改进美育教学，提高学生审美和人文素养，进一步强调美育融入高校思政课应当重视学生的主体地位，提高学生综合素养，促进学生全面发展。可见，自新中国成立以来，党和政府始终关心大学生的健康成长，每一次的改革与创新，都紧密联系大学生的成长规律和身心特点，构建美育融入高校思政课的完备实施方案。

（四）构建协调育人机制是美育融入高校思政课的制度基础

纵观新中国 70 多年美育融入高校思政课，不难发现，每一次的融合与渗透都是多个要素共同作用的结果。美育融入高校思政课是一项社会性的系统工程，不是单单通过高校、社会得以实现的工作，而是需要国家、社会、高校和个人的共同发力、协同作用。如在国家层面，需要建立美育融入高校思政课的法律保障体系，需要国家政策的支持及社会大环境的宏观把控；在高校层面，借助校园文化建设、加强实践环节、完善工作体制、加强师资队伍、保证经费投入等方式均可成为构建协调育人机制的重要部分；在个人层面则需要个人重视美育及思政课的重要性，并在两者间找到合适的契合点，进而全面提升个人的审美能力和欣赏水平。1978 年 4 月，《教育部关于加强高等学校马列主义理论教育的意见》对于美育融入高校思政课中的地位和认识问题、目的和任务问题、教材问题、教学方法问题、教师队伍的建设问题、领导体制问题都提出了建议。如进一步加强和改进学校德育工作，重视德育工作，强调要在九年义务教育阶段进一步落实音、体、美课程，积极在高中阶段开设艺术选修课程以陶冶性情、提高学生的艺术修养，同时还规定了学校、家庭、社会教育紧密结合，三方教育互为补充、形成合力。学校德育工作要有法治保障，加强各地党委、政府对学校德育的领导等。新时代背景下，要想美育更好地融入高校思政课当中，绝对不是一个单位或某个集体的单独工作就能实现的。必须调动各方力量，形成合力，共同发力，形成长效、协调的工作机制和课程体系。

三、新中国 70 多年美育融入高校思政课的当代启示

70 多年来，美育融入高校思政课的演变历程及基本经验，为当代美育融入高校思政课提供了宝贵启示。

（一）坚持中国共产党的领导和以马克思主义为指导思想

新中国 70 多年美育融入高校思政课的演进历程与基本经验充分表明，发挥美育融入高校思政课的实际效用，推动美育融入高校思政课的持续协调运作，必须坚持中国共产党的领导和以马克思主义为指导思想。

一方面，要坚持中国共产党对教育事业的领导。中国共产党的坚强领导和大力支持是促进美育融入高校思政课的重要动力和不竭源泉，要实现美育融入高校思政课以促进个人的全面发展，就要毫不动摇地坚持党的领导，通过宣讲党的路线方针政策，更好地引导大学生辨析和驳斥各种错误思潮，更好地培育和践行社会主义核心

价值观。① 另一方面，马克思、恩格斯虽然没有直接说明关于美育的问题，但是马克思主义中的教育思想中包含着非常丰富的美学思想和美育思想，只不过，这些思想往往都以片段的形式出现，最终构成了一个有机、系统的思想体系，显示出意蕴深厚的思想内涵和独具特色的时代特征。在当代，我们仍然要坚持马克思主义指导思想以推进美育融入高校思政课。从认识论角度出发，坚持美育融入高校思政课的教学与实践的统一，当前部分高校思政课教学仍以填鸭式、灌输式等教学方式为主，忽略了学生的主观能动性和因材施教的现实可能性。我们不能只是口头上强调美育的重要性，而未将美育理念、思想渗透到高校思政课程当中。从唯物史观角度讲，一个社会、一个时代的美育发展水平总是要受到一定的社会生产力和生产水平的制约和限制，超越物质水平，盲目地空谈和发展美育融入高校思政课，其结果也是不容乐观，甚至会起反作用。

（二）重视课堂教学以打造美育融入高校思政课的立体育人格局

习近平总书记强调："要用好课堂教学这个主渠道，思想政治理论课要坚持在改进中加强，提升思想政治教育亲和力和针对性，满足学生成长发展需求和期待。"② 课堂教学是美育融入思政课的主要渠道和重要场所，大学生获得知识、接受教育主要是通过课堂教学这一渠道和方式得以实现。美育融入思政课并不是仅将美育融入大

---

① 潘玉腾：《新时代高校思政课教师素养论》，《福建师范大学学报（哲学社会科学版）》2019 年第 4 期。

② 习近平：《把思想政治工作贯穿教育教学全过程开创我国高等教育事业发展新局面》，《人民日报》，2016 年 12 月 9 日。

学阶段的思政课当中，我们应当放宽视野，尊重学生的主体地位，将美育融入学生成长的各个阶段，并且根据不同年龄阶段学生的认知特点和接受规律，合理选择教学内容。① 小学阶段，要注重保护好幼儿跳跃性、非线性的艺术思维和创造力。将审美启蒙活动作为美育活动的开端，是指对幼儿的感受能力、欣赏能力、创造能力、思维能力、潜力等多方面进行启发。目前美育对于儿童时期的关注度不够，采取的教育方式也难以打开儿童对于生命、对于世界、对于"美"较为充分的想象力和感知力。因此，要引导学生通过对美好事物的发现与挖掘，运用诗、词、儿歌等形式加以展现，开展朗诵、合唱活动，激发学生兴趣，让学生在课堂教学和实践活动中挖掘和利用美好事物。中学阶段，应当注重把美育渗透到学校的思想品德课程当中，进一步挖掘思想品德课程当中的美育元素和实现美育的途径。大学阶段，各类高校针对大学生存在参与美育活动、接受美育训练中的不平衡现象，应当加强美育融入高校思政课程中的力度。

（三）注重系统思维以构建美育融入高校思政课的协调育人机制

美育有效融入高校思政课的教学全过程，绝不是一朝一夕、一蹴而就的任务，而是一个循序渐进、逐步推进的过程。当前政府相关部门和高校都高度重视美育及思想政治理论课，但是对于两者融合的教学大纲及教学目标，特别是对于美育具体落实的措施还较为欠缺。针对当前美育课程较少、美育大纲不够明确等现实问题，应

---

① 冯刚，朱宏强：《以习近平新时代中国特色社会主义思想引领青年理想信念教育》，《思想理论教育导刊》2018 年第 11 期。

当逐步建立美育融入高校思政课的协调育人机制。一方面，从制定规章制度入手，为美育有效融入高校思政课提供有力保障。对于美育融入高校思政课的目的与任务、教材、教学方法、教师队伍等基本建设应当出台相关文件、法律法规加以保障。另一方面，充分发挥美育专业人才的作用，培养美育教师，加强对美育有效融入高校思政课的基础理论研究，比如，编写相关教材、开展相关学术会议论坛等，不断深化和拓展美育融入高校思政课这一时代主题。同时对于美育融入高校思政课的状况进行评估。

第四节　新时代高校美育课程建设的系统审思及优化策略

近代美育思想家蔡元培先生曾指出："美育之目的，在陶冶活泼敏锐之性灵，养成高尚纯洁之人格。"[①] 他肯定并且重视美育对个人发展的作用，并提倡应当大力发展美育。美育作为一种情感教育，对学生人格的培养以及个人的全面发展，都发挥着不容忽视的作用。[②] 美育如何在立德树人方面更好地发挥作用，如何在滋养情感、陶冶人生中更有作为？当代高校美育课程成为解答问题的关键，但是，高校美育课程仍存在问题。因此，当代高校美育课程建设便刻不容缓。

---

① 蔡元培：《蔡元培美学文选》，北京大学出版社1983年版。
② 曾繁仁：《我国新时期美育建设的重要成果与共识》，《美育学刊》2012年第2期。

一、高校美育课程建设的系统审思

当前高校美育课程的开展现状呈现不均衡的现象，不少高校美育课程都是高校课程体系中的薄弱环节，在理论上还有不少问题需要进一步研究，实践上很多做法也有待进一步探讨。健全个人人格、促进个人的全面发展就必须恢复"美学的向度。"① 当前美育课程建设，主要面临以下几个现实问题。

（一）重视理论学习，忽视实践活动

高校美育课程主要分为理论知识的学习与实践活动的操练。理论学习是指系统学习美学与美育相关的课程知识，实践活动则侧重对各种不同形态的美鉴赏与品味。但部分高校未能将理论知识与实践活动很好地结合，从而导致美育课程的教学效果大大降低。理论知识是实践活动的基础，对实践具有指导作用，同时实践也是对理论的检验。只有将两者更好地融合与渗透，才能达到最好的教学效果。通过对相关学科理论知识的学习，学生可以站在理论的高度评判美的形式。但根据一些高校现有的美育课程安排，理论知识与实践活动出现了相脱离的现象。一方面，遗忘规律降低了实践活动当中对理论知识的运用。高校学生在学习之初就对美育与美学理论进行了较为系统地掌握，而到了实践层面很有可能已将相关理论知识遗忘，因此将理论学习与实践活动相结合就无法实现。另一方面，美学与美育知识具有高度的理论性和概括性，对部分高校学生来说

① 王敏，曾繁仁：《高校大美育体系的现代化建构》，《中国高等教育》2017年第7期。

理解就已经稍有困难，就更不用说将理论与实践相结合了。

（二）教学形式单一，综合性不强

时间综合性、空间综合性以及学科综合性是高校美育课程综合性的三个具体层面。从时间的综合性层面来看，选择经典性的著作进行学习是当前高校美育课程的主要趋势，经典性的理论著作是高校美育课程学习不可或缺的一部分，但若将经典美育理论与前沿美学知识与艺术风格相结合，这样的教学效果应当更好。学生通过对前沿美学知识的学习，了解当今社会环境下孕育出的美学，较为贴近学生的现实生活，也可以让学生更好地掌握相关理论知识。从空间的综合性层次来看，高校美育课程设置往往只是单维度地展开。有的高校注重对传统文化的学习，有的高校注重对西方的文化作品和艺术创作的欣赏，不少高校难以做到将不同文化以对比或综合的形式进行系统的理论学习。学科的综合性方面，美育是一门综合性学科，学科性质决定了其包含多个学科的基础性知识。当今高校美育的课程设置一般只是不同形式内容的综合，与社会学、伦理学、教育学等学科相结合的还不够。因此，高校美育课程应当以更加主动的姿态加强与其他学科的交融与渗透。

（三）师资力量匮乏，课程教材有限

当前高校美育教师严重匮乏，专职教师较少，大多为艺术类或者文科类教师兼任。这一现状是我国传统的教育模式导致的，也与高校教师水平的要求密不可分。美育是一门边缘的综合学科，融合了美学、心理学、教育学、伦理学等多门学科，同时，美育也是一门集人文教育、审美教育、情感教育于一体的学科。美育学科的综合性决定了授课教师及教学团队必须具有较高的审美情感和综合素质。因此，高所需要的美育教师应当是复合型人才。如果源头上师资力量得不到保证，教学效果也就可想而知。艺术类的教师容易把美育课程上成艺术鉴赏课，而忽视了艺术的基础理论知识；文科类教师则会把美育课程上成文学鉴赏课或美学知识的概论课，而忽视了美的形式对人们的影响和性格的塑造。当前美育教材大多主要侧重于"美"，而对"育"的落实则较少。与其他课程相比，美育的教材本身就偏少，而适用于非专业学生学习的教材则更少，教材的局限也会限制高校美育课程的开展以及落实。

（五）地方特色文化未能与美育课程结合

高校大多拥有不同的地理位置和地域环境，各大高校由于历史环境的不同也就形成了各具特色的美育文化内涵和美育文化氛围。首先，地方特色文化是扎根于当地自然环境及人文环境的一种艺术表现形式，可以纳入当地高校的课程当中。其次，高校可以依托当地的教学条件，将地方区域文化作为当前高校美育课程的一部分，可以促进当地优秀文化的传播与继承。另外，地方区域文化大多是依托于当地的地理位置发展起来的，文化资源较丰富，并且获取资源的途径也较为便利。

二、高校美育课程建设的优化策略

当前普通高校美育课程建设仍处于进一步完善阶段。好的美育课程，应当是建立在对学生的需求充分了解以及国家育人理念的深刻理解基础之上形成的。由此可见，高校美育课程的建设只有将美育建设与人才培养目标紧密结合，对美育课程进行科学、合理的规划和设计，才能确保高校美育课程的建设。主要有以下几方面的内容。

（一）顶层设计突出"大美育"，重视马克思主义美育

在指导思想上坚持"大美育"思想是当前高校美育课程建设的首要任务。美育广泛存在于生活当中的各个领域，自然美、艺术美、社会美等一切形式的美都可以作为美育的来源，生活当中存在的美更能被用来作为美育课程的重要来源和素材。因此，美育课程建设必然要从学生的学习及生活当中寻找美的元素，并且最终还应当回归到学生的学习及生活当中。高校对美育课程进行顶层设计时，不能把美育课程仅仅局限于通识教育或公共艺术课程，而是应当进行专门的规划和设计，将美育理念渗透到各个学科和各门课程，形成课堂教学和校园文化的综合作用。"大美育"最重要特征就是美育的社会化。当前应当形成学校、家庭、社会多位一体的美育环境，整合各类资源，推进社会协同。因此，美育不应当局限于学校教育，应当实现家庭美育、学校美育和社会美育三位一体的美育模式。同时搭建更为开放的平台，与艺术团体、企事业单位等进行较为广泛的合作，建立艺术展览、主题讲座等与美育相关的课外活动。通过高校与其他单位等强强联合，全面提高学生的审美情感和审美感受。

（二）理论与实践结合，遵循美育发展规律

当今，在有些已开设了美育课程的高校中，使用的教材涉及美育及美学的相关理论知识大多集中在前几章，而相关实践活动则被安排在了课程的后半部分。由于在进行实践活动时距理论学习已经间隔了较长的时间，难免出现实践活动与理论知识无法很好结合的情况。因此，在教学过程当中，教师应当使学生对美形式初步认识，让学生形成一个基本的概念，在进行理论学习的同时也要结合实践活动，这样可以使乏味枯燥的知识理论变得生动形象起来，也便于学生的理解和记忆。在理论学习过程当中，还要加强对美育以及美学相关知识的讲解。如针对同一审美对象，不同的人会有不同的审美感受。通过相关审美对象的观察，讲授相关的理论知识，使学生能够进一步理解何为美以及如何发现美和运用美。

（三）利用地方区域文化，打造特色美育课程

高校以城市为依托，一方面，推动了当地城市消费水平的提高；另一方面，也为城市的发展提供大量的人才储备以及注入新鲜的血液。高校作为一个城市的文化代表，开设专业以及人才培养机制也应当充分考虑当地甚至整个市场的人才需要。基于此，高校美育课程应当充分利用当地优秀文化，促进美育课程的进一步完善。高校在选择美育课程的内容时，应当结合当地文化资源优势。一方面，地方文化资源大多数是当地艺术形式的表现，如京剧、剪纸、皮影等大多适合作为高校美育课程的重要来源。另一方面，地方文化资源往往立足于当地的发展水平，凸显出当地的特色，深受当地人们的喜爱，拥有大量的相关人才和优秀作品。在进行课程教学的时候，可以邀请相关人才进行课程讲授，他们熟练掌握这种技艺，最重要的是他们对此富有饱满的热情，这份热情也必然带动学生对此课程的学习。最后，地方文化资源作为中华优秀传统文化的一部分，将地方特色文化纳入高校美育课程当中实质上也是在传承和发扬中华

优秀传统文化。除了世人皆知的地方特色文化，一些濒临失传的地方特色文化，也应当通过高校美育课程使得更多学生了解它们，扩大这些地方特色文化的知名度。

（四）深化课程教学改革，完善相关课程内容

高校美育课程建设应当考虑到其适用性和可操作性。由于美育课程是针对全校学生开设的，因此该课程以何种形式、何种途径来进行教学，高校可以结合自身的实际情况以及教学任务来确定。美育教育贯穿于学生学习的各个环节、各个方面，但是，效果最好、影响最大的还是艺术教育。因为艺术是人们共同创造的精神财富，集中体现了人们的审美情趣。所以，艺术教育是实施美育课程的重要途径，因此，应为全校的学生开设艺术类公共课程和艺术类选修课程，以满足不同学生的需求。高校美育课程的内容可以通过开设文艺、美术、音乐这三类大的方向课程，每个方向的课程可以开设理论学习、实践活动以及课外鉴赏等形式，以便更好地完成教学活动。

（五）利用高校校园文化，营造良好美育环境

高校是实现美育课程建设的重要载体。对于高校而言，美育课程不仅是办学理念和办学特色的直接体现，同时也是高校管理者和广大师生人文素养和审美感受的直观体现。作为学习、生活的重要场所，校园文化氛围对广大师生发挥着潜移默化的作用，也影响着高校教育的质量和导向。高校应当充分认识到校园的图书馆、博物馆等设施的重要性作用，有条件的高校可将这类场所对师生免费开放并且配备一定的解说人员，使其充分发挥效用。同时高校还应当

加强与政府间的协同与合作，吸引政府将更多的文化建设布局和文化基础设施向高校倾斜，推动校内外文化与艺术资源的共建共享。

三、新时代加强高校美育课程研究的现实意义

新时代加强高校美育课程建设仍然具有强烈的现实意义，主要体现在：可以促进美育教学改革，促进学生的全面发展，由此培养出社会所需人才。对社会而言，则有利于优秀传统文化的继承与发扬和社会良好风尚的构建。

（一）深化高校美育改革，推动学生全面发展

推动教学改革也是当代高校美育课程建设的中心环节之一。美育具有较为完善的教育体系，而不是一门具体的课程，课程设置方面应以艺术课程为主，同时还要开设艺术史类、艺术鉴赏类等课程进行补充和完善。课程设置应当符合当代大学生的整体需求和学习规律，一方面，要加强对美学、美育以及学科理论知识的学习；另一方面，还应当权衡知识、技能与素养三者之间的关系。美育的价值和功能主要表现在对德智体劳具有一定的促进和协调作用，高校通过美育课程的开展，有利于促进大学生的全面发展。首先，美育是提高个人审美情感以及道德情操必不可少的手段之一，具有辅助性的功能。在高等教育体系当中，德育偏理论化、抽象，不容易了解和掌握，而美育具有情感驱动力的功能。德育可以通过美育对大学生产生潜移默化、深远持久的影响效果，因为美育过程中常常使得学生在不知不觉当中受到影响，给人潜移默化的思想启迪。其次，美育课程学习的过程是培育大学生想象力思维和创造性思维的重要

途径。通过美育可以调节大学生的大脑机能，从而提高学习效率和转变生活态度。创造性思维和创新性人才的培养都离不开美育课程的作用和影响。想象力思维不仅是艺术修养的核心，还是科研创新的关键。

（二）发挥美育育人功能，弘扬中华优秀传统文化

高校美育的终极目的主要是培养健康的审美观以及创新力，能以审美的态度对待学习、生活甚至工作。换言之，也就是高校通过美育课程的开展，使受教育者各方面都具备较为健全的人格，最终成为"生活的主人"。美育在文化传承创新中的作用集中地表现为充分发挥它的育人功能，因为，育人是文化的最基本的功能。① 同时，文化传承也是高校的重要职能之一。高校是促进文化薪火相传以及培养学生文化认同的重要场所，同时也承担着中华优秀传统文化传承的重要任务。新时代的高校应当站在优秀文化传承的高度，创造出属于高校特有的文化艺术元素和校园文化氛围，促使中华优秀传统文化走向世界舞台。在高校美育的过程当中，要立足于我国的基本国情，坚持以"我"为主，为"我"所用，同时也要适当对西方优秀文化的学习和借鉴。新时代，高校应当立足于自身，以人文素养和审美情趣为培养核心，引导学生树立正确的审美观念，激发高校学生内在的创造力和想象力，培育深厚的爱国情怀和民族精神，使其具有宽广的情怀和开阔的眼界，强化文化传承和创新意识，加强其传承中华优秀传统文化的使命感和责任感。高校美育课程的建

---

① 曾繁仁：《关于美育与文化传承创新的思考》，《河南教育学院学报（哲学社会科学版）》2013 年第 1 期。

设是一项极其复杂的系统工程，高校需要结合各自院校的专业设置特点及培养全面发展的人的教育目标来探讨建设高校鲜明特色的美育课程的新理念和新方法。① 总之，美育具有不可替代的功能和作用，新时代应当进一步加强美育课程的完善和建设。

---

① 王英：《论高校美育课程实施中存在的问题及对策》，《当代教育科学》2014 年第 7 期。

第五章

革命文化涵养大学生的价值观

文化育人成为高校思想政治教育创新发展的重要着力点。革命文化蕴含丰富的教育资源，对大学生价值观养成具有潜移默化、润物无声的作用。如何使革命文化更好地涵养大学生价值观，更充分地发挥其育人作用，必须准确把握革命文化与涵美大学生价值观之间的基本概念、内在关系以及革命文化涵养大学生价值观的现实意义、生成逻辑与实践遵循等基本问题，这不仅是新时代深化革命文化涵养大学生价值观的理论前提，也是新时代深化革命文化涵养大学生价值观的实践遵循。

第一节　革命文化的基本概念、内在共性与基本特征

界定革命文化的基本概念，以探析革命文化的内在共性和基本特征。革命文化既植根于中华优秀传统文化，又是社会主义先进文化发展的直接来源，是中国共产党在长期革命实践中逐渐形成的以

马克思主义为指导、反映中国革命现实、吸收中华优秀传统文化精华、借鉴外来文化经验、凝聚共产党人和革命群众集体智慧的结晶，是涵养大学生价值观的源泉。

一、革命文化的基本概念

中国共产党在百年奋斗历程中，孕育生成了一系列革命文化，这些革命文化蕴含理想信念、爱国主义、一心为民、艰苦奋斗等理念内容，凸显党性与人民性相统一、理论性与实践性相统一、继承性与创新性相统一、阶段性与长期性相统一等基本特征。回望百年艰苦卓绝的奋斗历程，中国共产党之所以成为时代先锋与民族脊梁，从精神层面看，很大程度上在于其在革命年代锤炼和形成了一系列彰显党的性质、反映民族精神、体现时代要求、凝聚各方力量的革命文化。革命文化所蕴含的精神力量是支撑中国共产党不畏艰难、勇攀高峰的强大武器和思想动力，为中国的革命、建设、改革事业提供了强大的信念支撑和不竭的动力源泉，是中国共产党可贵的精神财富。一个政党、民族和国家，要实现兴旺发达、繁荣昌盛的奋斗目标，必须有属于自己的精神力量，以构筑自己的精神家园并夯实自己的执政基础。以习近平同志为核心的党中央高度重视革命文化的培育和弘扬，多次在纪念大会、表彰大会等不同场合强调抗战精神、抗美援朝精神等。革命文化所蕴含的精神力量不仅支撑着中华民族迎来了从站起来、富起来到强起来的历史性飞跃，而且为我国实现中华民族伟大复兴、全面建设社会主义现代化强国提供了强大动力。

二、革命文化的内在共性

历史是过去的现实，现实是未来的历史。斗转星移，光阴流逝，在百年奋斗历程中，中国共产党培育形成了一系列彰显政党性质、反映民族精神、体现时代需求、凝聚各方力量的革命文化。中国共产党所创造的一系列革命文化虽然各具时代特色，但从总体上看，内含相通相融的共性，具有一以贯之的理念内容。

（一）理想信念：中国共产党革命文化的核心要义

人无精神不立，党无精神不强。理想指引人生方向，信念决定事业成败。理想信念具有激发潜能、推动进步的巨大能量。百年来中国共产党铸就的革命文化，是中国共产党人以坚定的马克思主义信念为实现共产主义理想而奋斗的精神。回望往昔，在革命与战争年代，中国共产党在建党大会遭到干扰后，没有丝毫退缩，并坚定转移到嘉兴南湖一条"红船"上继续商讨决议，庄严宣告了党的诞生，由此孕育了伟大建党精神。"一百年前，中国共产党的先驱们创建了中国共产党，形成了坚持真理、坚守理想，践行初心、担当使命，不怕牺牲、英勇斗争，对党忠诚、不负人民的伟大建党精神，这是中国共产党的精神之源。"① 从"红船"起航，此后的峥嵘岁月中，中国共产党历经磨难而矢志不渝。大革命失败后，面对国民党的白色恐怖，中国共产党并没有退缩，而是凭借坚定的理想信念和坚韧的奋斗精神，领导军民创建井冈山革命根据地，将马克思主义普遍真理与中国革命实践相结合，开辟了中国特色革命道路，孕育

---

① 习近平：《在庆祝中国共产党成立100周年大会上的讲话》，人民出版社2021年版。

了伟大的井冈山精神。坚定信念、艰苦奋斗是井冈山精神主要内容之一，是井冈山革命斗争和根据地建设的法宝。长征途中，面对国民党军队的围追堵截以及激流险川、雪山草地等极度恶劣的自然条件，中国共产党领导的工农红军不畏险阻，跋涉二万五千里，最终取得长征的胜利。正如习近平总书记指出的，这是中国共产党人理想的胜利，是中国共产党人信念的胜利。理想信念作为共产党人的政治灵魂和安身立命的根本，是共产党人精神上的"钙"，也是重要的精神支柱。正是它，支撑着共产党人经受住革命的锤炼，克服社会主义现代化建设中的困难，推动中国特色社会主义事业始终朝着正确的方向发展。

（二）爱国主义：中国共产党革命文化的思想基础

在中国共产党的领导下，我国逐渐实现了人民解放、民族独立、国家富强的世纪蓝图，中国共产党人用自己的精神引领人民，使人民"甘心情愿和我们一起奋斗"。因此，中国共产党的革命文化可以视为整个中华民族的精神。爱国主义是中华民族精神的核心内容，也是中国共产党革命文化的思想基础。

在中国共产党发展的各个历史阶段，爱国主义始终是慷慨激昂的主旋律，始终是动员和鼓舞全党全国各族人民团结奋斗的一面旗帜。抗战烽火中，无论是在中国共产党领导的八路军、新四军以及敌后根据地军民英勇杀敌、以身报国的实际行动中，还是在中国共产党倡导形成的抗日救国爱国统一战线指引下的全国各民族、各地区、各界人民群众的抗日实践中，天下兴亡、匹夫有责的爱国情怀都成为动员与鼓舞广大人民群众为祖国的生存前赴后继、奋斗不息的精神支柱。抗美援朝战争中，中国人民志愿军同样表现出了"祖国和人民利益高于一切，为了祖国和民族的尊严而奋不顾身"的爱国主义精神，打出了国威、军威，使刚成立的社会主义中国能够立足于世界舞台。在中国共产党革命文化的生成发展过程，爱国主义作为一条鲜明主线始终贯穿其中，构成了中国共产党人为实现民族独立、国家富强不懈奋斗的精神世界，成为中国共产党和中国人民最为鲜明的精神标识。

（三）一心为民：中国共产党革命文化的本质体现

作为执政党，中国共产党为什么"能"，一个根本原因就是中国共产党始终站在人民立场，把带领人民创造幸福生活作为始终不渝的奋斗目标。中国共产党革命文化链条中的每一个精神坐标无不蕴含着无产阶级政党为民奋斗的宗旨和目标。

早在苏区时期，中国共产党之所以能够在白色政权的包围下，成功将"星星之火"发展壮大为"燎原之势"，创建了中华苏维埃共和国，最重要的原因之一正是始终践行为民奋斗的宗旨。广大苏区党政干部和红军指战员真心为群众着想，切实解决群众生活的基本困难，赢得了苏区干部好作风的赞誉。"一心为民、清正廉洁"的苏区精神引导着共产党人无论何时都要密切联系群众，为群众谋实事。在延安，中国共产党开创了"只见公仆不见官"的生动局面，陕甘宁边区政府亦被誉为"民主的政治，廉洁的政府"。为了人民的福祉而奋斗，是中国共产党百年来的使命和担当，它指引着中国共产党保持永不懈怠的精神状态和一往无前的奋斗姿态，继续朝着实现人民幸福、国家富强、民族振兴的宏伟目标奋勇前进。

（四）艰苦奋斗：中国共产党革命文化的内生动力

空谈误国，实干兴邦。如果只有理想口号、一时意气，而没有脚踏实地的艰苦奋斗，便不能取得任何成就。中国共产党历来重视和强调保持艰苦奋斗精神，并将其作为革命斗争及进行社会主义建设的重要原则。从根本上说，艰苦奋斗是中国人民取得举世瞩目的伟大成就的关键因素，这也是中国共产党革命文化的内生动力。

回望大生产运动，八路军三五九旅奉命进驻作为陕甘宁边区南大门的南泥湾，屯田垦荒，克服重重困难，边战斗边生产。在短短的 3 年内，三五九旅发扬"自力更生，艰苦奋斗"的革命精神，把荆棘遍野、荒无人烟的南泥湾变成了"处处是庄稼，遍地是牛羊"的陕北好江南。西柏坡时期，毛泽东同志向全党提出"务必使同志们继续地保持谦虚、谨慎、不骄、不躁的作风，务必使同志们继续地保持艰苦奋斗的作风"，为党在取得全国执政地位后应对各种新考验作了充分的政治准备和思想准备，也铸就形成了具有特色的西柏坡精神。新时代，为实现中华民族伟大复兴的梦想，中国共产党要带领中国人民继续保持艰苦创业的精神品质。

三、革命文化的基本特征

回顾中国共产党领导人民英勇奋斗、砥砺前行的百年历程，其中所形成的革命文化，虽因经济发展水平及现实发展情况的不同而各有特色，但深入探析其内在共性，不难发现革命文化包含党性与人民性相统一、理论性与实践性相统一、继承性与创新性相统一、阶段性与长期性相统一等基本特征。

（一）党性与人民性相统一

革命文化在百余年的演进过程中得到了发展和巩固，积淀了丰富的理论内涵和鲜明的精神实质。革命文化是中国共产党在百余年演进过程中所形成的精神财富，且中国共产党始终代表着最广大人民群众的根本利益，因此，革命文化具有党性与人民性相统一的特征。一方面，坚持党的全面领导是中国革命胜利的关键。每一次危机或考验，都是对党的领导核心的淬炼，都是对党的领导核心的锻造，党组织的坚强领导和大力支持是革命文化得以诞生和发展的重要支撑。党的领导是取得历史性成就、实现社会性变革的关键因素，是成就历史伟业和丰功伟绩的根本保证，更是革命文化得以诞生发展、生生不息的根本前提。另一方面，中国共产党是以马克思主义为指导的工人阶级政党，人民性是其最为根本的阶级属性。这一阶级属性决定了中国共产党全心全意为人民服务的根本宗旨。人民群众是中国共产党最为深厚的力量源泉和成长发展之本。中国共产党是为人民谋幸福的党，也是为人类进步事业而奋斗的党。党始终与人民紧密相连，始终将为人民服务作为根本宗旨，把人民群众对于美好生活的向往作为奋斗目标。党性和人民性的统一要求我们看待中国共产党革命文化时必须在坚持党的全面领导的前提下，充分发挥人民群众的主观能动性和个人积极性。

（二）理论性与实践性相统一

革命文化是中国共产党与人民群众共同努力形成的精神财富，具有深厚的理论性。同时，革命文化植根于党领导人民群众的伟大实践，具有能动的实践性。因此，革命文化具有理论性与实践性相统一的特征。一方面，建党以来所形成的革命文化，倡导人民解放、民族复兴以及国家崛起的文化资源。十月革命一声炮响，马克思主义在我国迅速传播并被先进分子选择作为革命的指导思想，以毛泽东同志为主要代表的中国共产党人经过长期思考和实践，创立了符合时代特征和革命需要的文化。中国共产党革命文化的每种精神特质，都包含丰富的理论内涵和呈现方式，每种精神内涵虽然都被概括为几个特定概念，但是每个概念都是基于具体的人物、事件及重大决策抽象概括而成的。革命文化作为一种精神塑造，必须紧密结合实际，将其转化为实践指引，并作用于广大人民群众。如果缺少实践层面的有力支持和有效转换，其所蕴含的思想精华和价值理念都将流于表面、失去活力。理论性和实践性的辩证关系要求我们看待中国共产党革命文化时必须坚持理论与实践相结合，唯有在实践中丰富发展中国共产党的革命文化，才能更好地领会其所蕴含的精神特质和价值指引，将其内化为价值追求和精神标识，外化为行为自觉和实践指导，最终成为全民族发展的精神指引和动力源泉。

（三）继承性与创新性相统一

新时代背景下，为了增强革命文化对广大人民群众的现实感召力，既要理清中国共产党革命文化的发展脉络和演进历程，也要与时俱进、开拓创新，及时更新并全面深化其时代表现及具体内涵。这是因为，革命文化具有继承性与实践性相统一的特征。一方面，革命文化是在中国共产党领导人民群众奋斗的过程中逐渐形成和积淀下来的，其形成和产生不是某种具体精神形态的简单相加或概括，而是前后传承、互相影响、互为作用的。各种精神之间具有相融互通的共性，包含一以贯之的思想精华和价值导向，传承着永不褪色的红色基因和马克思主义政党的不变追求，体现着不同阶段的时代内涵和鲜活特点，为党领导的伟大事业蓬勃发展注入源源不断的精神动力。总的来说，革命文化中饱含中国共产党带领广大人民群众在不同的历史发展阶段，为促进社会的和谐发展和国家的繁荣昌盛而付出的努力，传承了人民至上的基本立场、实事求是的理论品质、唯物辩证的思想方法和个人发展的价值追求。另一方面，革命文化应紧密结合我国社会实际和人民群众需要，与时俱进，开拓创新。这样，人民的美好生活才能在共同奋斗中得以稳步实现。此外，还要深入挖掘革命文化在历史长河中不断发展的时代脉络和精神特质，促成革命文化的不断丰富和发展。继承性和创新性的辩证关系要求我们看待中国共产党革命文化时，要将继承与创新有机统一起来。唯此，才能更好地将其用以指导人们的现实生活，形成精神引领力和价值引领力。

（四）阶段性与长期性相统一

阶段性是指随着生产的发展和社会的进步，革命文化的形成和实现是分阶段逐步推进的，是一个连续不断、循序渐进的过程，不同时期或不同阶段会因不同的奋斗目标和机遇挑战而形成有所区别的内容体系。长期性是指革命文化的形成是一个长期、恒久的过程，是对中国共产党奋斗历程的历史缩影和现实观照。因此，革命文化具有阶段性与长期性相统一的特征。一方面，在逐渐成长和发展的过程中，由于所处环境和形势任务的不同，中国共产党革命文化对中国实际的具体指导会随着时间、地点和目标而发生转移和变化。另一方面，阶段性的革命文化是长期性革命文化的必要准备和基本前提，没有革命文化的阶段性创造，就不会有长期的革命文化的延续和发展。长期性包含着阶段性，革命文化的长期性也揭示了人们现实生活和奋斗目标的趋势和方向，展现出整个人类社会发展的历史进程。阶段性和长期性的辩证关系要求我们在看待中国共产党革命文化时，要将中国共产党的初心使命和奋斗目标视为社会发展的根本方向，同时还必须脚踏实地、坚持不懈、逐步实现。

第二节　革命文化与大学生价值观内在契合的三重维度

党的十八大以来，习近平总书记就继承和弘扬革命文化发表了一系列重要论述，强调"传承革命基因""保持革命精神"，强调革命文化作为中国社会发展的宝贵精神财富和丰厚政治资源，是中国特色社会主义文化的重要组成部分，是文化自信的理论来源。当前大学生价值观培育不论在理论还是实践上都有较为长足的发展并取得一定成效，但是大学生价值观培育中存在的问题仍然值得关注。为了使革命文化更好地作用于大学生价值观的培育，应该准确把握两者的内在契合，从理论支点、深刻关联、实践遵循三个维度深刻阐释革命文化与大学生价值观的内在契合。革命文化与大学生价值观在理论支点、深刻关联、实践遵循等方面体现出密不可分、水乳交融的内在契合。理清革命文化、大学生价值观与社会主义核心价值观的基本关系，是两者契合的理论支点；革命文化与大学生价值观在指导思想、思想源头、结构层次、终极目标等方面显示出深刻关联；革命文化与大学生价值观内在契合的实践遵循应当坚持科学性与育人性、渐进性与长期性、多样性与差异性、合目的性与合规律性的统一。

一、革命文化与大学生价值观内在契合的理论支点

面对弘扬革命文化与大学生价值观培育这两个宏大的理论问题，我们有必要先理清革命文化的内涵及基本特征、大学生价值观的内涵及境遇等基本概念。社会主义核心价值观作为社会主义思想文化、道德规范、意识形态的综合体，是对社会主义国家精神、社会理念和公民道德的抽象概括和高度总结。因此，理清革命文化、大学生价值观与社会主义核心价值观的逻辑关系，可以为探讨弘扬革命文化与大学生价值观培育的内在契合的深刻关联和实践遵循奠定坚实的理论前提。

（一）革命文化的内涵及基本特征

"人民既是历史的剧中人，也是历史的剧作者。"中国共产党作为弘扬先进文化的主力军，创造性提出了革命理论，进而转化为先进的政治思想，并将此付诸革命实践，生成了中国共产党独具特色的文化形态，也就是革命文化。可见，"革命文化"起源于中国近代革命实践，可以将其视为中国共产党将马克思主义理论同中国具体革命实践相结合，在新民主主义革命以及社会主义革命实践中形成的集物质文化、精神文明以及制度文化为一体的综合文化形态。具体而言，革命文化是指在中国共产党长期的革命、斗争实践以及马克思主义的传播与中国化的历史进程中产生和形成的，其将最严格的科学性和高度的革命性有机结合，以毋庸置疑的缜密逻辑揭示了人类社会的发展规律，为人类社会发展指明了前进方向。革命文化

具有科学性、民族性、实践性等基本特征。① 革命文化的科学性体现在自诞生以来，中国始终坚持马克思主义为指导思想和行为准则，自觉将马克思主义基本原理始终贯穿于革命文化形成、发展与完善的全过程，马克思主义赋予了革命文化以强大的生命力，使其在中国大地焕发无限生机；革命文化的民族性体现在自它诞生开始，就面临着如何按照中国的具体情况和民族特征来运用马克思基本原理的问题，在形成的过程中，始终紧密结合中国国情、时代背景和机遇条件，努力探寻适合中国的发展道路，最终形成独具一格的文化形态；革命文化的实践性则体现在革命文化是中国共产党人及广大人民群众的勇于探索、艰苦奋斗的理论成果，是中国革命斗争与实践的伟大财富和文化沉淀。

（二）大学生价值观的内涵及境遇

价值观是基于个人感性思维之上而做出的认知、判断，是人们判断是非曲直、真善美与假丑恶的内在标准。大学生价值观则是针对这个特定群体所蕴含的价值理念和行为准则。"每一代年轻人都有自己的机遇和机缘，都要在自己所处的时代条件下谋划人生，创造历史。"② 习近平总书记强调："青年的价值取向决定了未来整个社会的价值取向，抓好这一时期的价值观养成十分重要。"③ 大学生作为社会建设中的主力军和佼佼者，是宝贵的人才资源，是新时代中国特色社会主义事业的建设者，更是社会主义核心价值观的重要信

---

① 孙秀民：《中国革命精神及其当代价值研究》，北京师范大学出版社 2013 年版。
② 《习近平谈治国理政》第 2 卷，外文出版社 2017 年版。
③ 中共中央文献研究室：《习近平关于青年和共青团工作论述摘编》，中央文献出版社 2017 年版。

奉者和践行者。时代前行，青春接力。个人成长、价值塑造与整个社会不可分离、紧密联系。大学生作为社会群体中接受能力强、求知欲旺盛的群体，其价值观还未完整成型，容易受外界影响因素而摇摆不定，这也导致大学生价值观取向的多样性、差异性、独立性日益明显。新时代背景下，大学生价值观总体呈现出积极健康向上的发展趋势，如展现出政治态度积极向上、道德认知普遍提高、进取意识日趋增强、思维方式更加理性等时代特征，但同时需要注意，大学生价值观的培育面临更为复杂的挑战。全球化进程促进了世界交往的变化，社会主义意识形态同时也受到西方意识形态的冲击，导致部分大学生出现集体主义意识淡薄、功利主义倾向明显、理想信念相对淡化、崇尚拜金主义等不良价值观念。密切关注并重视当代大学生价值判断和价值选择的时代走向，全面把握和合理分析其价值观培育面临的时代境遇，对于推动社会发展以及国家的繁荣昌盛都具有重要现实意义。

（三）革命文化与社会主义核心价值观高度契合

革命文化是中国共产党领导人民在革命斗争、实践过程中所产生的独特文化形态。革命文化积淀着中华民族最为深沉的精神追求和价值追求，饱含着中华民族最为根本的精神基因和文化底蕴，是中华民族发展壮大、生生不息的丰厚滋养和不竭源泉。革命文化与马克思主义文化本质相通，与中华优秀传统文化一脉相承，与社会主义核心价值观高度契合，是提高全民思想道德素质的精神基因。党的十八大以来，习近平总书记在不同场合多次提及弘扬与传承革命文化，尤其在十九大报告中，当谈及培育和践行社会主义核心价值观时，习近平总书记特别指出要继承革命文化。因此，当代大学生培育和践行社会主义核心价值观应当全面挖掘、梳理革命文化中的思想精华、发挥革命文化价值引领与精神动力的重要作用。在培育与践行社会主义核心价值观的过程中，从革命文化中寻根溯源、汲取智慧，可以更加全面、深刻地理解社会主义核心价值观，更好地从国家层面的价值目标、社会层面的价值取向、公民层面的价值准则三个维度，夯实社会主义核心价值观的道德根基。

二、革命文化与大学生价值观培育内在契合的深刻关联

革命文化与大学生价值观培育是相辅相成、有机统一的，两者呈现出密不可分的内在逻辑关联。革命文化与大学生价值观培育内在契合的深刻关联集中表现在指导思想一元性、思想源头一致性、结构层次同构性以及终极目标同向性四个方面。

（一）指导思想一元性是两者契合的根本性依循

革命文化与大学生价值观都是特定历史条件下所形成的人的思想观念的现实表达，所谓革命文化与大学生价值观培育指导思想的一元性是指，二者都将马克思主义作为指导一切行动的基本准则，丝毫不动摇马克思主义在人们思想观念中的根本指导地位和重要作用。一方面，革命文化在形成和发展过程中始终坚持马克思主义的指导。随着马克思主义传入中国，爱国志士们开始将其作为指导思想并运用于中国革命斗争与实践当中。五四运动后，马克思主义不仅作为一种先进文化广泛传播，同时还作为一种先进的政治思想得以运用，最终中国共产党创造性地提出了先进的革命理论和政治思想，生成独具中国特色的革命文化形态。正如邓小平同志所说："对

马克思主义的信仰，是中国革命胜利的一种精神动力。"① 因此，革命文化本身就是在马克思主义的指导下产生的革命文化形态，具有鲜明的先进性。另一方面，当代大学生价值观的培育也必须坚持马克思主义的指导，这是首要前提和总原则。马克思主义强调世界的物质性以及真理的客观性，主张透过事物现象联系事物背后的本质规律。

首先，人的本质不是单个人固有的抽象物，而是应当从社会关系努力探索。马克思语境中的人是社会的、能动的人。个体离不开社会，社会是由人组成的，人需要在进行物质生产和创造历史时发挥尊重客观规律基础上的能动性。当代大学生也置身于社会当中，价值观培育过程中应充分发挥个人主观规律以及尊重客观规律。

其次，个体应实现自由发展、全面发展以及个性发展。马克思认为："异化劳动把自主劳动、自由活动贬低为手段。"② 只有实现个人的自由发展，个体才能实现真正的发展。通过人的自由而全面的发展，凸显个人的主体性和能动性，实现个人的个性发展。大学生作为社会以及国家的时代先锋和中坚力量，其价值观培育也必须坚持马克思主义作为基本指导原则，从而促进个人的全面而自由的发展。

（二）思想源头一致性是两者契合的价值性源泉

中华优秀传统文化是革命文化与大学生价值观培育的共同文化源流。中华优秀传统文化作为中国独特的历史文化资源，在继承与

---

① 《邓小平文选》第3卷，人民出版社1993年版。
② 《马克思恩格斯选集》第1卷，人民出版社2012年版。

弘扬的过程中不断前进、一脉相承。作为一种伦理道德文化，优秀传统文化所蕴含的忠贞不屈的爱国精神、高尚人格的修身引导以及和合中庸的治世思想等道德基因和价值元素，在弘扬革命文化与大学生价值观培育中得到了淋漓尽致的展现与交汇。五四运动与建党初期的伟大建常精神、土地革命时期的井冈山精神与长征精神、抗日战争时期的抗战精神和延安精神以及解放战争时期的西柏坡精神都体现了爱国进取、艰苦奋斗、变革创新等中华民族传统美德，体现了中华优秀传统文化在革命时期的继承与发扬。就大学生价值观培育而言，中华优秀传统文化作为独特的历史文化资源，在中华民族生存与发展的历史进程中孕育而生并为民族成员提供强大的精神动力和心灵支撑的思想文化，积淀着中华民族最深层次的精神追求，始终影响着当代中国人民的思想观念及价值取向。在中华优秀传统文化中蕴含的思想观念、道德规范、人文精神等文化精髓至今历久弥新，散发时代光芒。可见，革命文化、大学生价值观培育都与中华优秀传统文化呈现继承与发展的关系，它们具有共同的文化性格和精神基因。正是因为思想源头的一致性，才使得彼此更好地交流与作用。

（三）结构层次同构性是两者契合的科学性基础

革命文化所蕴含的丰富的思想体系和价值理念，凝聚着中国共产党人坚定的马克思主义信仰、民族独立和人民富裕的理想追求、艰苦奋斗的革命品质、以人民为中心的集体主义情怀以及科学民主的价值理念。

首先，革命文化中的物质载体为大学生价值观培育提供载体支持和现实保障。革命文化中的物质载体包括革命旧址、革命典籍、革命故事等，它们都是革命文化物质载体的重要组成部分。中国近代以来的革命历史，正是由这一个个鲜活的革命故事所串联起来的。因此，我们应当挖掘革命文化中的物质载体，并能动地作用于大学生价值观培育。

其次，弘扬革命文化中的精神载体为大学生价值观培育提供思想源泉和不竭动力。革命文化中的精神载体是对物质载体的进一步总结与升华。"革命文化"起源于中国近代革命斗争与实践，在不同的革命阶段和历史时期，因革命斗争的具体需要、区域土壤文化以及社会条件的不同，产生了富有区域特色、内涵不尽相同的革命文化具体形态及精神载体。一方面，弘扬革命文化的精神载体，成为大学生价值观培育的思想渊源与丰厚滋养，革命文化的历史地位、内涵特质、精神价值，都与当代大学生价值观的基本内涵在本源上达成了有机统一，所蕴含的科学求实、爱国主义、艰苦奋斗等精神特质更是当代大学生价值观培育的文化根基和精神源泉；另一方面，弘扬革命文化的精神载体，为大学生价值观培育提供了正面激励和正确引导。

最后，弘扬革命文化中的制度载体为大学生价值观培育提供道德规范和行为准则。革命文化中的制度载体是指革命理论、纲领、路线、方针、政策等各种要素的总称，包括政治、经济、文化、法律、军事等多个方面。通过弘扬革命文化中的制度载体，我们可以回到特定的历史时期，对当时的社会背景、政策制定进行较为深度的了解，不仅可以加强大学生的革命文化理论素养、拓宽他们的理论知识眼界、强化革命文化认同，还可以为大学生价值观培育提供一定的道德规范和行为准则。

（四）具体内容吻合性是两者契合的根本性指引

第一，革命文化中内蕴的爱国主义精神有助于大学生厚植爱国情怀。革命文化的发展离不开爱国主义精神的内生驱动。中国社会变革的进程是在爱国主义思想的激励下先后选择和接受了民主主义和社会主义，并在此过程中逐渐形成了追求国家富强、民族独立等特质。爱国主义精神在不同的历史背景和时代条件下也有不同的具体内容。在新民主主义革命时期，爱国主义主要致力于实现民族独立梦；而新中国成立后，爱国主义拓展为对中国特色社会主义的建设和支持。纵观近代民族独立、人民解放、改革开放的实践进程，爱党、爱国家和爱社会主义必须紧密结合在一起。当代爱国主义教育的基本内容是维护国家统一和民族团结，这不仅符合中华民族和人民大众的共同利益，还切合海内外中华儿女的热切期盼。当前，大学生爱国主义教育面临着前所未有的现实复杂境遇。在日益全球化的今天，经济全球化、多元社会思潮、网络媒体发展等，给当代大学生价值判断和价值选择带来了很多的不确定性和选择性，也为当代大学生爱国主义教育带来诸多机遇和挑战，同时大学生爱国主义教育也是历史的、动态的，不同时期的大学生肩负不同的历史使命和时代担当，因此，爱国主义教育的内涵和方法应随着时代的进步而不断更新。爱国主义教育一直被视为高校思想政治教育的重要议题。汲取革命文化中爱国主义精神的时代表现与精神特质，改进当前大学生爱国主义教育存在的不足，增强大学生投身国家建设的使命感和责任感，使其努力成长为建设社会主义现代化强国的骨干力量，他们不仅要知党史、懂国情，刻苦学习、增长才干，还应当立足本职本岗，把爱国情、强国志统一到个人的报国行为中来，借

种多样的国情与社会调查、专业知识科普、开展社区服务等实践活动，从而切实有效地提高为人民服务的本领和能力，使大学生成为担当民族复兴大任的时代新人。

第四，革命文化中内蕴的艰苦奋斗精神有助于大学生锤炼砥砺品质。艰苦奋斗是中国共产党的优良传统，也是中国革命精神的重要内容。中国共产党历来重视和强调保持艰苦奋斗精神，并将其作为革命斗争、社会建设、改革开放的重要原则之一。具体而言，共产党人及广大人民的艰苦奋斗精神表现在以下三个方面。首先，在物质生活条件十分艰苦的条件下能够坚持并且挺过革命最艰难的时期。其次，是在敌我实力相差悬殊的情况下，能够机智勇敢地和敌人坚持斗争的精神。最后，在物质条件相对较好的条件下，能够仍然保持艰苦朴素的生活方式。在革命胜利前夕，毛泽东同志就向全党发出"务必使同志们继续地保持艰苦奋斗的作风"[1]的号召，在革命胜利后更是反复强调保持革命热情、将革命事业进行到底的重要性。当前，改革开放以来，我国国民经济飞速发展，工业化、城镇化的推进以及市场经济的发展，结构性地改变了国人的生活方式和消费理念。国民生产总值的增长极大地提高了人民生活的物质水平和消费能力，人均可支配收入成倍增长。但是，应该看到，受到泛娱乐化、消费主义等社会思潮的影响，少数大学生的价值观偏离了正确轨道，出现了以追求感官愉悦为满足、以追求短期利益为目标的错误倾向，并且随着西方提前消费、透支消费等价值理念的蔓延与普及，物质消费超前、盲目追求物质层面的标新立异和更新换

---

[1] 《毛泽东选集》第 4 卷，人民出版社 2009 年版。

代的现象在大学生当中也时有发生。中国特色社会主义进入新时代，我们比历史上任何时期都更加接近实现中华民族伟大复兴的宏伟目标，值此关键节点，当代大学生要做勇担民族复兴大任的时代新人，必须愿吃苦、不怕苦，在奋斗砥砺中磨炼意志。因此，重温和体会革命文化中的艰苦奋斗精神，重温革命年代斗争事业的曲折历程与艰苦不易，有助于当代大学生反思自身的消费行为和习惯，将革命文化中的艰苦奋斗和勤俭节约等优秀品质转化为自身的情感认同和行为习惯，进而有效、持续涵养当代大学生的价值观。

（五）终极目标同向性是两者契合的价值性旨归

终极目标的同向性是革命文化与大学生价值观培育内在契合的价值性旨归。虽然弘扬革命文化与大学生价值观培育就具体侧重与历史责任有所差异，但从时间维度上看，一部中国近代史就是中华儿女的斗争史，革命先烈为了获得民族的独立和追求自身的解放，以自身的实际行动和顽强意志最终取得了革命的胜利，形成了独具一格的革命文化。大学生价值观培育同革命文化的形成，也必然是一个与时俱进、生生不息的漫长过程；从空间维度上看，革命文化是对产生并根植于中国革命实践的本土文化进行宣扬，而大学生价值观培育本质来讲是一种文化认同的教育，是人们对自身社会生活中的价值定位并表现为共同价值观的形成。但如果将两者置于整个历史进程和现实环境中去考察和探究，便会发现两者在目标导向上具有契合性。革命文化在革命实践中起源和发展，革命文化中所蕴含的崇高革命理想、坚定的革命信念以及全新的精神风范在当代仍然是一笔宝贵精神财富。革命文化的产生与形成本身就是为了挽救国家民族危机、振兴中华民族，而大学生作为推动国家发展和社会进步的中坚力量，也必然将追求人民幸福和实现民族复兴视为个人的追求目标和成长方向。

三、革命文化与大学生价值观培育内在契合的实践遵循

革命文化与大学生价值观培育的实践层面则显示为如何运用革命文化有效涵养当代大学生价值观。革命文化中蕴含的爱国主义精神、理想主义精神、艰苦奋斗精神等核心特质，与当代大学生价值观培育高度契合，对于广大学生坚定实现民族伟大复兴理想信念的决心和信心，以期培育担任民族复兴大任的时代新人具有重要现实意义。运用革命文化涵养大学生价值观，应当坚持科学性与育人性的统一、渐进性与长期性的统一、多样性与差异性的统一、合目的性与合规律性的统一。

（一）科学性与育人性的统一

新民主主义革命时期形成的革命文化是以倡导人民群众解放、民族解放和民族独立以及追求个人发展、民族复兴、国家崛起为目的的文化资源。革命文化的内涵与内容不断调适与完善，成为特定历史时期的文化形态，对国民价值观养成和现代化事业建设具有强烈的现实意义，显示出革命文化的科学性。同时，我们应当注意到革命文化具有历史印证、文明传承、政治教育等价值功能。大学生作为国家发展以及社会进步的重要力量和中坚力量，我们应清醒地认识到，当前由于理论研究不够以及宣传方式不足等现实局限，革命文化涵养大学生价值观的实际效果有待提升。教育方式是影响教育效果的重要因素，良好的教育方式可以更好地使学生接受革命文

化的熏陶和感染，加强教育的实际效果，国家、社会以及高校都应努力进行革命文化教育方式的探索、创新。

（二）渐进性与长期性的统一

革命文化作为中国共产党在实践中所产生的一种独特文化形态，其形成和完善具有自身的演进过程及规律。总的来说，革命文化的形成与完善呈现出渐进性与长期性的统一。从演进历程来看，近代中国人民开展的一系列反帝反封建的伟大斗争，都在一定程度上为革命文化的孕育和发展提供了丰厚的理论积淀和现实土壤。历史证明，要想取得国家独立和人民解放，就必须找到并且合理运用先进理论和社会力量。从时间跨度来看，从新民主主义革命到中华人民共和国成立初期，革命文化的最终形成经过了较为长期的积淀与发展，在革命的不同阶段，因革命斗争具体情况、任务的要求，区域本土文化土壤的差异性和多样性，在不同时期又形成了独具特色的革命文化形态。另外，当代大学生价值观的培育是一个长期过程，也是一个具体的历史范畴。从无限的人类社会发展而言，大学生的价值观培育是一个没有顶点的过程。每一个特定的社会发展阶段和时间节点都会萌发出一些新的价值观培育问题，因此我们无法用一套固定培育范式来对待大学生价值观的变化和更新。随着社会发展水平的提高，大学生对生活内容、质量层次的需求也不断提升。只有用普遍发展和客观全面的眼光看待大学生价值观培育问题，才能更好促进大学生价值观的培育与引导。

（三）多样性与差异性的统一

革命文化在不同的历史发展时期具有不同的侧重点，形成各具特色的革命文化形态。恩格斯曾说："每一个时代的思维产物都是一种历史的产物，它在不同的时代具有完全不同的形式，同时又具有完全不同的内容。"① 弘扬革命文化，我们应当注意到各个不同时期革命文化的侧重点和特色。但需要注意的是，大学生价值观培育由于受到社会转型的大环境、新兴媒体以及互联网络的宏观环境的影响，同时也受到家庭教育的差异性、个人认知水平的差异和他人行为的影响，大学生价值观的培育难免具有差异性。大学生价值观培育也具有一定的地域性，更会因为不同文化的影响而具有特异性。大学生价值观培育的差异性还具体表现在"质"和"量"两个方面的差距，从全球各国发展实际来看，发达国家和发展中国家的水平差异性较大，处于不同发展阶段的国情将导致青年对于价值观培育呈现出区别于他国青年的差异。但是也不能回避当前中国国情下由区域差异、城乡差异、社会保障差异等带来的价值观培育的差异。也应认识到，大学生价值观培育也具有普遍性，认识到普遍性是结合多样性与差异性的重要认识论基础，也是方法论前提。

（四）合目的性与合规律性的统一

作为社会意识形态的革命文化，其正确性与否也必然在实践中得以审视和检验。人民群众作为社会实践的主体，其创造历史的活动是社会规律和目的存在的基础。就合目的性而言，革命文化从启蒙阶段到基本成型，都是在中国共产党领导下的以马克思主义为指导，依托广大人民群众得以发展、成熟的文化形态，革命文化的前进方向与中国共产党人以及广大人民群众的实践保持高度的一致性。

---

① 《马克思恩格斯选集》第4卷，人民出版社2012年版。

革命文化在本质内涵上体现了中国共产党人的世界观、政治观及价值观在思想文化中的凝聚，从而也揭示了革命文化生成的"新的政治力量，新的经济力量，新的文化力量"① 的内在本质联系与有机统一。就合规律性而言，革命文化作为在复杂艰苦的环境中所产生的一种革命精神、革命品质，是不以个人主观意志为转移的。但是它的生成也存在一定的必然性，从新民主主义革命到社会主义革命实践，革命文化资源随之丰富并完善，顺应中国历史发展演进规律。革命文化涵养大学生价值观的过程中也充分遵循这一基本特点。我们应当充分遵循革命文化涵养大学生价值观的合目的性和合规律性，大学生作为现实性与超越性相统一的结合体，需要充分发挥个人的主观能动性，实现自我目标的实现和超越，增强革命文化涵养大学生价值观的穿透力和影响力。

第三节 革命文化涵养大学生价值观的重要意义

党的十八大以来，习近平总书记就继承和弘扬革命文化发表了一系列重要论述，强调"传承红色基因""保持革命精神"，强调革命文化是宝贵的精神财富和丰厚的政治资源，是中国特色社会主义文化的重要组成部分，是文化自信的理论来源。伴随着新兴媒体、互联网络的发展以及经济全球化、文化全球化的社会图景，各种社会思潮相互激荡，呈现出多元思想文化的互鉴与交流，但同时也给

---

① 《毛泽东选集》第2卷，人民出版社2009年版。

大学生带来价值选择迷惘、文化认同困惑，部分学生甚至对于历史人物、革命斗争相关的看法和认识产生了错位和偏移。

大学生是当代青年群体中的佼佼者和主力军，是党和国家宝贵的人才资源，更是促进国家繁荣昌盛和社会稳定发展的建设者和接班人。因此，新时代背景下要加强大学生革命文化认同，促进当代大学生价值观养成，以期为社会提供源源不断的人才，助推我国高等教育逐步实现内涵式发展。以革命文化涵养大学生价值观是指个体将革命文化中凝聚的思想观念和行为准则内化于心、外化于行的心理过程，这不仅为大学生提升自身文化素养提供理论来源和鲜活素材，同时也为高校落实立德树人提供不竭动力和智慧源泉。正如恩格斯在《反杜林论》中所指明："文化上的每一个进步，都是迈向自由的一步。"① 总的来说，新时代以革命文化涵养大学生价值观关乎党和国家的前途及命运、助推高等教育实现内涵式发展以及利于培养担当民族复兴大任的时代新人。

一、关乎党和国家的前途及命运

革命文化作为中国共产党在长期的革命实践中逐渐形成的、以马克思主义为指导的、反映中国革命现实、凝聚共产党人和革命群众独特思想和精神风貌的文化形态，不仅汲取和吸收了中华优秀传统文化中的思想精华，同时又引领和发展了社会主义先进文化，是中国特色社会主义文化谱系中承上启下的关键环节。当代大学生作为祖国的未来和民族的希望，他们的思想信念和价值取向不仅关乎

---

① 《马克思恩格斯选集》第3卷，人民出版社2012年版。

自身的健康成长，同时还关乎社会发展和国家稳定。习近平总书记指出："青年的价值取向决定了未来整个社会的价值取向，而青年又处在价值观形成和确立的时期，抓好这一时期的价值观养成十分重要。"① 革命文化中所蕴含的积极向上的思想观念、理想信念、道德规范和人文精神等，是我们党和国家的宝贵精神财富，也是当代涵养大学生价值观的优质载体。

　　新时代以革命文化涵养大学生价值观，就要毫不动摇地坚持党的绝对领导，党组织的坚强领导和大力支持是加强大学生革命文化认同的重要动力和坚实后盾。随着中国特色社会主义进入新时代，新时代加强大学生革命文化认同，其实就是要做好大学生红色传统和红色文化教育，使大学生在革命文化当中汲取理论知识和文化素养，能够正确认识到中国共产党自成立以来不忘初心、砥砺前行的历史进程，并将其中的思想精华和精神特质转化为自身的道德规范和行为准则。当前大学生的成长成才也面临新的挑战和时代机遇，他们对国家的认同和民族的热爱将直接影响到社会的发展和民族的振兴，应当密切关注并重视当代大学生价值判断和价值选择的时代走向，合理把握当代大学生价值观培育所面临的时代境遇，通过理清革命文化实质、凝练革命精神、宣扬革命气质，从而最大程度加强大学生对革命文化的认同感和获得感，这对于社会进步以及国家的繁荣发展具有重要的现实意义。

---

　　① 习近平：《在北京大学师生座谈会上的讲话》，《人民日报》，2014 年 5 月 5 日。

二、助推高等教育实现内涵式发展

加强大学生革命文化认同，有利于丰富大学生的革命理论知识，提升其红色文化素养。党中央做出加快建设世界一流大学和一流学科的战略部署，也就是要提高我国高等教育水平，全面提升我国高等教育的核心竞争力。一流大学一定是与一流人文和一流科技相匹配的，对于新时代的高新人才而言，一流的科研水平必须与一流人文精神相匹配。因此促进我国高等教育实现良好转向，一方面要增强大学生的专业素养和实践能力，另一方面，也要提升他们的人文精神和文化素养。当前大学生对于革命文化的理论认知仍不够全面、深入，存在理论与实践脱节、本身认同感不强等问题。因此，新时代背景下加强大学生革命文化认同，是高校落实立德树人的时代使命，是高校贯彻"以文化人、以文育人"的必然要求，也是促进我国高等教育实现内涵式发展的现实举措。

革命文化涵养大学生价值观有助于我国高等教育实现内涵式发展。首先，革命文化为大学生价值观培育提供理论依据与丰厚滋养。革命文化的历史地位、内涵特质、精神价值，与当代大学生价值观的基本内涵与实践外延在本源上达成了有机统一，革命文化所蕴含的科学求实精神、爱国主义精神、艰苦奋斗精神等核心特质更是当代大学生价值观培育的重要内容和坚实基础。其次，革命文化为大学生价值观培育提供天然载体和重要依托。从内容构成来看，革命文化既包含革命文献、革命文物、遗址遗物、文学作品等物质载体，也包括长征精神、延安精神、西柏坡精神等精神标识，跨越时空限制成为中华民族最为深刻的历史印记，是中国革命斗争史的重要组成部分，这些印记和符号记载了中华民族在近代历史上历经的不幸和苦难、光荣与梦想，将过去、现在与未来紧密联系，构成中国人民集体的深厚历史记忆，成为当前大学生价值观培育的鲜活教材。最后，革命文化为大学生价值观培育提供正面激励和正确引导。中国共产党人在革命斗争过程中始终坚定信念，不畏艰难险阻，顽强拼搏，创造了无数攻坚克难的奇迹，涌现出无数可歌可泣的革命英雄，如其中蕴含着顾全大局、严守纪律等的长征精神以及视死如归、宁死不屈等的战日精神，对于个人的价值引领与实践活动具有引导和规范作用。

三、利于培养堪当民族复兴大任的时代新人

革命文化涵养大学生价值观有助于培养堪当民族复兴大任的时代新人。第一，从历史传承来看，革命英雄代表着战火硝烟中的民族脊梁，他们的精神、事迹、形象永远被铭刻在历史丰碑上，革命英雄及其事迹不应随着时间的推移而被日渐淡忘，而是应当对其进行妥善整理和有效提炼。从时间节点来看，当前还有一些革命文化缔造的见证者和重要分享者在世，现在正是总结、整理革命文化事迹的最后窗口期，对于采访当事人的口述史整理更是迫在眉睫。利用好时间节点，通过查阅文献以及实地调查的方式，通过对见证者和亲历者的采访报道，了解革命根据地的形成及发展过程，了解人民群众对于革命军队支援的情况，为当代大学生价值观培育打下厚重历史印记并为其提供鲜活教育素材。第二，从现实诉求来看，一部革命文化锤炼史，其实也是中国共产党带领广大人民群众逐步走向民族独立的斗争史。革命先烈为了获得民族的独立和追求自身的

解放，以自身的顽强意志和实际行动最终取得了革命的胜利，形成了独具一格的革命文化。当前，部分大学生价值观在集体与个人、理想与现实、物质与精神的取舍上是失衡的，甚至在少数大学生中出现理想错位、道德失范、信念危机等价值反叛问题，甚至在极少数大学生中出现贬损党的领袖、革命先烈、英雄模范人物，诋毁中国共产党、中华人民共和国以及人民军队的辉煌历史，否定中国共产党的领导，否定中国的社会主义制度的合理性等极端问题，① 甚至出现了"告别革命论""革命无用论""革命破坏论"等错误思想导向，这也启示我们，汲取革命文化中的合理养分和精神特质，对于当代大学生价值观培育具有现实可行性与紧迫性。

"每一代年轻人都有自己的机遇和机缘，都要在自己所处的时代条件下谋划人生，创造历史。"② "青年的价值取向决定了未来整个社会的价值取向，抓好这一时期的价值观养成十分重要。"③ 大学生作为社会建设中的主力军和佼佼者，是新时代中国特色社会主义事业的建设者，更是社会主义核心价值观的信奉者和践行者。革命文化中内蕴的理想主义精神，不是个人关于自身的前途、命运方面的理想，而是共产党人关于国家、民族以及人民的理想，其中最为根本的是共产主义远大理想。新时代背景下，重视历史传统教育、以革命文化涵养大学生价值观是大学生思想政治教育的重要内容，通过组织大学生学习中国近现代史特别是党领导人民进行的革命斗争与实践，切身领悟和体会当时国家的危难，才能领会中国共产党领

---

① 汪亭友：《弘扬红色文化要坚决反对历史虚无主义》，《党建》2019 年第 5 期。
② 《习近平谈治国理政》第 2 卷，外文出版社 2017 年版。
③ 中共中央文献研究室：《习近平关于青年和共青团工作论述摘编》，中央文献出版社 2017 年版。

导人民进行斗争实践的不易与艰辛，才能体会共产党人理想信念的坚定不移，才能坚定广大学生对于实现民族伟大复兴理想信念的决心和信心，进而培育出堪当民族复兴大任的时代新人。

第四节　革命文化涵养大学生价值观的生成逻辑

以革命文化涵养大学生价值观是一个不断深入、循序渐进的推进过程，是一个从思想意识到行为实践的逻辑过程，是主体对价值客体不断深入领会、内化于心、外化于行的发展过程。[①] 认同的过程可以划分为四个阶段，理性认知、情感共鸣、意志深化、实践转化分别对应以革命文化涵养大学生价值观的首要前提、必经阶段、根本条件、最终归宿环节，这四个环节构成了一个较为完整的动态循环系统。

一、理性认知是首要前提

马克思曾指出："历史从哪里开始，思想进程也应当从哪里开始。"[②] 理论是行动的先导，思想是行动的指南。大学生对革命文化的理性认知主要是指大学生能够掌握革命文化的基础理论知识，理清革命文化的形成脉络及所蕴含的深刻内涵和时代价值，结合国情和现实需要，全面、客观地看待革命文化在我国社会发展中的现实

---

① 沈洪豪：《大学生社会主义核心价值观认同的内在理路和实现条件》，《社会主义核心价值观研究》2018 年第 3 期。

② 《马克思恩格斯文集》第 2 卷，人民出版社 2009 年版。

作用，特别是针对当前西方思想文化及社会思潮的强势冲击，当代大学生由于社会资历较浅且鉴别能力较弱等现实因素，容易陷入极具矛盾的价值冲突和文化认同困境。大学生对革命文化的理性认知是一个渐进式的上升过程，总体过程呈现为螺旋式上升或波浪式前进。理性认知是以革命文化涵养大学生价值观最基本也是最为重要的因素，它构成了大学生价值观认同的实质内容和基本轮廓。[①] 只有具备较为理性的认知才能更好地将其转化为理论指导，用以指导实践活动。对革命文化全面、理性的理论认知，是大学生革命文化认同的内化起点，为大学生革命文化认同奠定了较为扎实的理论积淀，同时还为以革命文化涵养大学生价值观的情感共鸣环节做好必要准备并搭建中间桥梁。

二、情感共鸣是必经阶段

理性认知是掌握理论知识和丰富理论素养的过程，这一过程是较浅显且基础的，但也是重要的一环，理性认知的完成有待深入和提升，进一步上升为情感共鸣。以革命文化涵养大学生价值观的形成与发展离不开情感体验，情感体验起着牵线搭桥的作用，它是由理性认知向意志深化以及实践转化的重要动力，它确定了以革命文化涵养大学生价值观的倾向和对外部世界改造的选择功能。作为历史主体的人的活动，以革命文化涵养大学生价值观也始终伴随着某种情感需要或者利益为驱动力，只有符合大学生情感需要以及利益

---

① 潘玉腾，陈赵阳：《论社会主义核心价值体系转化为人民群众自觉追求的四维路径》，《思想教育研究》2010年第3期。

的革命文化的价值理念和精神标识，才能被他们选择和认同。大学生对革命文化的情感共鸣，主要表现为对革命文化的接受和认可，并进而转化为内化于心的意识形态和价值选择。大学生需要在掌握了革命文化的深刻内涵之后，基于情感共鸣将其深化于心，实现从心底对革命文化的共鸣，这种情感共鸣是不易改变且深远持久的。为了提升大学生革命文化认同的主动性和积极性，需要激发他们的内在情感因素，发挥情感共鸣的推动力量。

三、意志深化是根本条件

一般情况下，情感共鸣会上升到意志认同阶段，最终成为支配行为的稳定信念。意志深化在心理认同中具有十分重要的作用，它控制着情感共鸣，调节着理性认知和实践转化，是理性认知转化为实践环节的关键环节。意志深化可视为外化阶段的最高境界，人的行为是意志认同的外在表现，只有经过了意志深化阶段，才可以将革命文化与现实生活中的实践活动紧密结合，融入思想并用于指导实践。意志深化是大学生革命文化认同内化的最高境界。人的行为可视为人的意志的外在表现，只有经过意志深化这一阶段，革命文化中的深刻意蕴和精神标识才能真正融入当代大学生的现实生活中并得以指导实践。革命文化作为一种在历史脉络中形成的价值观念结合体，要想发挥革命文化的现实价值，就必须充分理解其科学内涵与实质核心。大学生对革命文化的意志深化阶段是大学生在理性认知和情感共鸣的基础上，真正理解并接受革命文化的深刻意蕴和当代价值，并遵循其在社会当中的现实效用，对自身原有的价值观念和价值取向进行改造与重塑。可见，意志深化是以革命文化涵养大学生价值观的根本条件。

四、实践转化是最终归宿

以革命文化涵养大学生价值观如果仅停留在思想层面是不够的，实践转化也是必不可少的，实践转化可视为大学生革命文化认同的最终归宿。单纯机械的宣传教育并不能使革命文化中的精神特质和核心理念深入人心，只有在实践中才能发现问题，并探求合理的解决方式。实践是检验以革命文化涵养大学生价值观成效的评判标准和唯一准绳，以革命文化涵养大学生价值观的最终成效需要真真切切的实际行动来证明。实践转化的关键在于大学生对革命文化心理上的认同和认可能否转化为实践层面的行动，使得革命文化认同内化于心、外化于行。理性认知、情感共鸣、意志深化是大学生革命文化认同的必要环节，但是更为重要的是要将这种认同转化为个人的理想信念、行为准则和价值规范。以革命文化涵养大学生价值观必然是理性认知、情感共鸣、意志深化以及实践转化四个方面的统一。未能付诸实践的革命文化认同只能被认为是有待提升的思想观念。离开了现实生活，离开了实践活动，再好的革命文化也只能是无本之木、无源之水，无法成为具有普遍性的价值认同形态。马克思曾说："不是人们的意识决定人们的存在，相反，是人们的社会存在决定人们的意识。"① 需要注意的是，实践转化的完成并不意味着大学生革命文化认同的结束，实践转化使得大学生对自身的理解和认知进行调整和规范，从实践转化又回到理性认知，开始一个新的

---

① 《马克思恩格斯选集》第 2 卷，人民出版社 2012 年版。

循环周期，如此往复，不断向前。

第五节　革命文化涵养大学生价值观的路径选择

当代大学生的价值取向总体而言是健康、积极向上的，但由于大学生社会资历较浅且鉴别能力较弱等现实因素，他们容易陷入矛盾冲突的价值理念和文化认同困境，部分学生存在理想信念淡化、价值取向扭曲、诚信意识淡薄等问题。"一定的文化是一定社会的政治和经济的反映，又给予伟大影响和作用于一定社会的政治和经济。"① 革命文化中的核心理念和精神标识有助于大学生坚定理想信念、涵养道德情操、增长能力智慧，为高校践行立德树人根本任务提供智慧源泉和不竭动力。然而，当前革命文化有效且持续涵养大学生价值观的目标尚未完全实现，这就需要努力探赜构建路径，运用革命文化有效涵养大学生价值观养成，不断提升当代大学生的革命文化的理论素养和价值认同。

一、加强教育引导是革命文化涵养大学生价值观的逻辑起点

一种文化形态要将其中所蕴含价值理念转化为理论认知，除了理论本身具备的内在品质外，还离不开对它的教育引导。为了使革命文化更好地涵养大学生价值观，提升大学生对革命文化的理论认知和价值认同，应当充分发挥思想政治理论课的主渠道作用以及实

---

① 《毛泽东选集》第 2 卷，人民出版社 2009 年版。

现课程思政与思政课程的同向同行、同心同力。

（一）发挥思想政治理论课的主渠道作用

习近平总书记指出："我们办中国特色社会主义教育，就是要理直气壮开好思政课，用新时代中国特色社会主义思想铸魂育人。"①高校作为当代大学生的主要生活场所，课堂教学作为他们提升理论认知的主要渠道，就要发挥好铸魂育人的作用。一方面，高校应当充分利用思想政治理论课主渠道，贯彻落实革命文化教育进课堂、进教材、进头脑，将革命文化资源与课堂教学内容有效结合，提升高校思想政治理论课的针对性和亲和力，满足学生成长发展的需求和期待。如在"中国近现代史纲要"课的教学过程当中，应当将革命历史与文化教育紧密结合，通过挖掘革命文化中的榜样力量，使得学生深刻理解革命文化的深刻内涵和育人价值；再如"毛泽东思想和中国特色社会主义理论体系概论"课的教学过程当中，深刻分析党的革命理论与中国特色社会主义道路的内在逻辑，帮助大学生树立新时代中国特色社会主义的道路自信。在各门思想政治理论课当中，都应结合教学特点和时代要求，保证每学期都开设一定的革命文化专题课程，尤其是在新生入学教育当中，更是应当重视革命文化专题教育，切实发挥革命文化的感染力和号召力，实现以文化人、以文育人的教学目标，将革命文化教育渗透到思想政治理论课教育教学全过程，使学生成为革命文化的自觉继承者和忠实实践者。另一方面，各高校应当结合自身的区域优势及实际情况加强对革命

---

① 《习近平主持学校思想政治理论课教师座谈会强调用新时代特色社会主义思想铸魂贯彻党的教育方针落实立德树人根本任务》，《人民日报》，2019 年 3 月 19 日。

文化教育资源的理论挖掘，开展具有区域特色的革命文化主题相关的思想政治理论课程。根据本地区的革命文化内容和特点，结合本校的办学方向和发展定位，通过实际考察和文本整理，挖掘、提炼本地革命文化资源，进而编写具有区域特色革命文化相关的校本教材，帮助学生充分了解本地革命文化的核心要义及演变历程，使得革命文化的丰富内涵和时代价值最广度地影响广大学生。马克思曾指出："'思想'一旦离开'利益'，就一定会使自己出丑。"① 因此思政课老师应当重视大学生这个群体的特殊性，深入分析当代大学生思想观念、价值取向、行为方式，全面把握学生心理发展规律、接受机制和成长成才规律，扎实推进思想政治理论课教育活动，使革命文化为思想政治理论课建设提供深厚力量和丰厚滋养。

（二）挖掘其他各类课程中的教育要素

课程思政就是全面挖掘其他课程和教学方式中蕴含的思想政治教育资源，补齐思想政治理论课的短板，更多地将思想政治理论的要求和标准予以实践和演绎，以具体而生动的专业知识作为传道授业的理论基础。高校教师还应当将思政课程与其他专业课程或选修课程相结合，共同挖掘教育资源中的革命文化元素，打造通识类课程和专业课程相结合的"课程思政"育人模式。如选修课程，可以开设《中国近代革命史》《中国革命精神及当代价值》等通识类课程供学生研读；专业课程，如《中国传统文化概论》课程，可以结合中华优秀传统文化与革命文化的内在逻辑，加深学生对两者理论知识的有效掌握；再如《伦理学引论》课程当中，通过介绍革命文

---

① 《马克思恩格斯文集》第 1 卷，人民出版社 2009 年版。

化所蕴含的价值理念以及精神特质，结合当前社会主义道德建设的方法和途径，实现两者有效融合与渗透。不过需要注意的是，实现课程思政的教学目标，充分挖掘各类课程中的革命文化教育元素，切记不可盲目搭建联系与关联，各大教研部以及学院应当组织革命文化教学相关的学术讨论，促进革命文化在高校教师群体当中的学术争鸣和理论探讨，全面提高高校教师的革命文化理论素养，凝练各专业课程中的革命文化教育元素，实现思想政治理论课与其他课程的优势互补、共生共长。课程思政不仅要谋求思政课程、专业课程及选修课程的外部协同，本身也应当进行系统设计才能提高育人效果，使得革命文化育人元素最大程度渗透到各门课程的教学内容设计以及教学过程设计当中，推进思政课程与课程思政的同向同行，增强高校思想政治教育的协同效应，推动各门学科、各类课程全面、可持续发展的育人格局。

二、注重实践养成是革命文化涵养大学生价值观的外化途径

运用革命文化涵养当代大学生价值观，既不是主观臆想和"头脑风暴"的结果，也不是存在于虚空之中的抽象概念，而是基于实践活动不断发展与完善的过程，它的培育也必然回到实践中才能得到验证。正如马克思在《关于费尔巴哈的提纲》中所说："全部社会生活在本质上是实践的。凡是把理论引向神秘主义的神秘东西，都能在人的实践中以及对这种实践的理解中得到合理的解决。"[1] 单纯机械借助宣传教育并不能使革命文化中的价值理念真正深入人心，

---

[1] 《马克思恩格斯选集》第 1 卷，人民出版社 2012 年版。

只有实践才能发现问题并寻求合理的解决方式。因此，借助校内外实践活动的双向有效开展与配合，实现革命文化涵养大学生价值观从理论层面到实践层面的实质飞跃。

（一）加强校内实践活动

校内实践活动主要通过规范日常行为以及课外实践活动得以开展。一方面，日常生活的行为习惯是一个人思想素质和道德修养最为直接的体现，因此，通过大学生的日常行为表现也是检验革命文化是否有效涵养大学生价值观的有效方法。如革命文化中的爱国主义精神、理想主义精神、艰苦奋斗精神等核心价值理念，具有引导和教育学生克服骄奢淫逸的不良生活作风，自觉践行艰苦奋斗、顽强拼搏等向上向善的作用。因此，时刻关注他们的思想观念和价值取向的动态走向，定期对他们的日常行为进行有效反馈和准确分析，及时发现其中可能存在的困惑和问题，全面合理地分析形成因素并制订切实可行的优化方案。引导学生主动践行知行合一，严格要求自己，自觉将革命文化中的核心价值理念用以指导并规范日常行为。另一方面，高校应当重视课外实践活动对大学生价值观培育的重要作用，充分利用自身的优势推动校园文化活动的创新，开展丰富多样与革命文化相关的主题活动。如开展革命文化相关的课题调研，举办革命文化知识专题讲座、革命文化读书会、革命文化知识竞赛以及舞台剧等活动；依托重大历史事件或重要节日、纪念日等时间节点，开展具有庄重仪式感的主题实践活动，学生容易受到革命精神以及英雄人物等熏陶和感染，有利于提升他们对革命文化的理论认知和情感共鸣，增强教育效果；举办全国性或全省性的学术会议或学术交流，这不仅促进革命文化教育的基础理论研究和成果运用的交流与合作，还可以借助会议及交流的学术报告会等方式推动革命文化的研究热潮。

（二）完善社会实践活动

对于具备一定理论水平和生活感知经历的大学生而言，除了第一课堂以及第二课堂的革命文化教育以外，高校应当广泛开展革命文化相关的社会实践活动。一方面，各大高校应当加强与革命文化社会实践基地的交流和合作，利用寒暑假以及课外时间带领学生前往井冈山、瑞金、延安等革命根据地参观学习，亲身体会、实地体验当时革命战争年代的生活环境；带领学生前往四川省的川陕革命根据地博物馆、湖南省的秋收起义博物馆等场所，体验和领会丰厚的革命理论知识和炙热的革命情怀，让学生在社会实践中感知和体会革命文化的具体内涵及演进历程；还可以组织学生开展"三下乡""走进基层"等社会实践活动，拜访革命先辈，研读革命故事，学习革命传统，践行革命精神。通过以上丰富多彩的社会实践活动，感受革命文化的精神魅力，增强革命文化的育人实效。另一方面，高校还应当广泛组织革命文化相关主题的支教活动。鼓励大学生利用节假日等业余时间，精心策划，组织大学生深入革命老区以及边远山区进行支教或者实习活动，这样既可以全面汲取、提炼当代的革命文化元素，因地制宜地提出关乎革命文化教育基地的开发和保护方案，运用自身的专业能力促进当地教育事业的稳步提升，带领当地的孩子在革命文化中的语境中洗涤心灵，为当地贡献优质教育资源，实现革命文化基地建设与大学生成长成才的良好双向互动。

三、强化媒体引导是革命文化涵养大学生价值观的主要阵地

当代大学生作为社会建设中主力军和佼佼者，寄托着党、国家、民族的厚望。新媒体平台具有广泛传播信息、集中公开表达意见的特点，是大学生获得信息、交流意见的重要平台。新时代背景下，强化媒体引导对推进革命文化涵养大学生的价值观养成具有至关重要的影响。为了促进革命文化更好地涵养大学生价值观，合理运用传统媒体与新兴媒体的现实传播力和影响力，在媒体引导中实现革命文化有效涵养大学生价值观。

（一）巩固传统媒体引导阵地

传统媒体，无论是报纸、电视还是广播，经过多年的运营与发展，已经拥有专业化的新闻队伍、丰富的实践经验、深厚的群众基础等天然优势。对于大学生群体而言，传统媒体的影响力和感召力相对较弱，但是仍然不可忽视传统媒体对于大学生价值观养成中潜移默化、润物无声的作用。一方面，坚持正确导向，增强阵地意识。各级各类传统媒体应当认清革命文化的时代价值以及当代大学生价值观培育所面临的时代境遇，努力将革命文化中的基本内涵及价值理念贯穿到日常报道活动当中，形成有利于大学生价值观培育的舆论强势。① 此外，不仅电视、广播、报纸要发挥主力军的作用，各级党委和政府也应当进一步深刻认识传统媒体对于推进革命文化涵养大学生价值观有着不可替代的作用，强化对媒体宣传的管理，不给

---

① 潘玉腾：《推进社会主义核心价值观体系大众化研究》，社会科学文献出版社 2012 年版。

错误舆论与思想提供传播渠道。另一方面，实现媒体协同，形成宣传合力。报纸、电视、广播这三大传统媒体应当发挥优势，通过综合作用，形成强大的宣传合力。报纸应当加强对革命事迹、革命人物、革命故事相关介绍，让大学生在阅读报纸当中理解革命文化中的精神特质；电视也要加强对革命文化相关影视、节目的播放；广播则应当发挥同步快捷、时效性强等优势，传播革命文化。要发挥传统媒体优势，整合媒体资源，抢占宣传的制高点，扩大革命文化理论宣传的覆盖面，增强理论宣传的影响力和感染力。

（二）开拓新兴媒体引导渠道

新兴媒体的概念是相对于电视、报纸还有广播等传统媒体而言的，新兴媒体是集声音、文字、视频等多种传播方式于一体的信息载体。随着通信技术和网络技术的发展，微信、微博等应用使用广泛，其以资源高度共享、信息高度开放等独特优势，正在对人们的思维习惯、生活方式、价值理念等产生深刻影响，正在改变信息传播的内在结构和总体布局，成为传播思想文化、引导社会舆论的重要阵地。切实加强新兴媒体的引导作用，全面发挥革命文化浸染与濡化的作用，为大学生价值观养成营造良好网络生态环境。其一，弘扬革命文化内涵，传承革命文化基因，打造一批具有强大竞争力、影响力的新型主流媒体，使得广大青年学生能够更全面、更科学地认识和理解革命文化的深刻意蕴及时代价值。[1] 推动国家级主流传播平台与地方媒体的交流合作，我国的文化部门以及新闻媒体应当利

---

[1] 全家悦：《传承和弘扬红色基因 坚定政治信仰永葆初心》，《光明日报》，2019 年 4 月 8 日。

用影视作品、公益作品、创建革命文化数字化体验馆等方式承担宣扬革命文化、弘扬社会正气的责任；同时，国家级的主流传播平台也应当积极联手地方媒体，及时交互共享信息，实现地方革命文化相关资讯最大限度的传播和利用。其二，牢固树立阵地意识，最大程度发挥互联网对革命文化的宣传作用。利用革命专题网站宣传革命文化，开展理论交流与学术探讨，利用网站平台进行信息交汇与思想交流，利用微平台关注舆论导向与传播正能量，充分利用微博、微信等现代化传媒手段实现"互联网+革命文化"的宣传教育格局，促成互联网视域下的革命文化传播和价值观教育全方位、多层次的格局。其三，高校是当代大学生学习和生活的主要场所，高校思想宣传工作应当适应新形势、掌握主动权，通过学校的微博、微信公众号等校级公共平台设置革命文化相关的议题，将革命文化的内容转化为大学生能够理解和喜闻乐见的话语形态，通过相关的平台定期发布话题并开展讨论交流，在润物无声的环境中使得大学生自觉接受革命文化的核心要义，以此有效涵养他们的价值观养成。

四、整合特色资源是革命文化涵养大学生价值观的物质保障

革命文化涵养大学生价值观不是抽象和模糊的概念，而是一个具体而又可行的现实方案。革命文化涵养大学生价值观需要借助一定的物质基础和教育资源得以实现，而革命文化作为一种文化形态，它在现实生活当中本身就具有较为丰富的特色育人资源。当代大学生的主要活动场所为高校校园与社会环境。因此，立足学生多样化的差异，加强对革命文化校内外特色资源的合理挖掘与有效提炼，为革命文化涵养大学生价值观提供物质保障和肥沃土壤。

（一）全面挖掘与利用校内特色资源

高校作为文化传承、培育人才的重要场域，文化形态可视为高校的历史积淀。高校校内本身就具备丰富多样的革命文化特色资源，因此要注重校内特色育人资源的全面挖掘。高校可以在设计校徽、校歌、校园建筑及雕塑等物质载体的过程中，紧密结合本校办学历史、治学理念和革命文化的深刻内涵，实现两者的有效融合，如完善校园文化景观建设，建造相关的校史馆和人物雕塑，对办公室、教学楼以及宿舍等公共活动场所进行环境优化，还可以通过校训、校风的凝练与弘扬，让广大学生切身体会到革命先烈斗争事业的艰辛历程，不仅可以培养他们知恩图报、追比先贤的精神品质，还可以实现审美功能和教育功能的和谐统一。很多高校都拥有悠久的建校历史，如厦门大学的创办人陈嘉庚被誉为"华侨旗帜，民族光辉"，他凭借强烈的爱国情怀，为辛亥革命、民族教育、抗日战争以及新中国建设做出了卓越的贡献，在革命战争年代，他不忘初心，大力发展教育事业。因此，高校在进行校内革命文化特色资源挖掘时，紧密结合建校历史与革命文化元素进行宣传教育，从而使学生对学校以及革命文化的历史演进及时代特征具备较为深刻且全面的认知和了解，每所高校都应该尽可能挖掘自身的革命文化元素和特色育人资源，这是促进高校学生厚植爱国主义情怀和提升理论素养的必然路径。

（二）全面开发与保护社会特色资源

高校蕴含丰厚的革命文化特色资源，同时校外也拥有大量的特色资源。当前革命文化资源较为丰富，需要各地区的政府部门立足实际，对不同时期、不同种类的革命文化特色资源进行整合和保护，为大学生价值观培育奠定物质基础和提供鲜活素材。在不同的革命阶段和历史时期，因革命斗争的具体需要、区域土壤文化以及社会条件的不同，产生了富有区域特色、不尽相同的革命文化形态。开展本土革命文化资源的研究与开发，以省、市、自治区为基本依托，重点挖掘各个地区的革命文化特色资源，搭建具有特色的育人平台。如江西省可以重点挖掘井冈山精神；福建省可以重点挖掘以古田会议旧址、才溪乡调查会址、长汀革命旧址群等为代表的八闽革命文化；福建省和江西省还可以合作共同挖掘"坚定信念、求真务实、一心为民、清正廉洁、艰苦奋斗、争创一流、无私贡献"的苏区精神；等等。因此，社会革命文化特色资源的挖掘与整合应当立足本地，凸显区域特色，进而辐射全国，实现区域与全国革命文化教育基地的有效联动，共同发展。需要注意的是，社会层面的革命文化特色资源相对有限并且已初具规模，因此，我们在进行挖掘的同时，也要保护好当地特色资源和生态环境的完整性，特别是一些革命老区的遗址，如果只是一味地开发和利用，而不加以保护和珍惜，将不利于革命文化特色资源的有效且持续性地发挥其现实效用。

五、加强组织领导是革命文化涵养大学生价值观的制度保障

宣传教育是基础，制度建设是根本。制度传递理念且承载价值，这是有效推进革命文化涵养大学生价值观的重要保障和有效载体。高校党委必须从全局和战略的高度出发，充分认识到革命文化在涵养大学生价值观的时代迫切性和现实可行性，把这项任务摆在重要的位置，制定相关的政策保障实施，确实担负领导责任和政治责任，树立文化兴校、全员育人的理念，把文化建设和文化育人作为涵养大学生价值观以及培育高素质人才的重要抓手；建立健全革命文化涵养大学生价值观的激励保障机制、推进拓展机制以及考核评价机制，使革命文化涵养大学生价值观的时代任务做到有明确制度可遵循，依靠制度而落实并且为硬性制度所保障，加强全过程、全员化、全方位引导，推动良好校风、学风、教风的形成；① 引导广大师生自觉学习革命文化相关的理论知识，并用革命文化中的价值取向内化为自身的道德规范和行为准则，明确将革命文化的理论素养作为学生党员干部和入党积极分子培训的重要内容，作为党员民主评议、学生干部考察的重要内容；始终坚持全员参与、全面覆盖，形成校党委统一领导、党政团干部协同配合、有关部门各司其职、专兼职教师积极引导的统筹协调、全体学生共同参与的领导机制和工作机制，增强革命文化涵养大学生价值观的协调性和持续性，形成合力育人、共同发力的良好局面。

---

① 隋璐璐，王洛忠：《在大学生中培育和践行社会主义核心价值观的路径探析》，《思想教育研究》2014 年第 2 期。

后　记

　　文化是一个国家、一个民族的灵魂。文化自信是一个国家、一个民族发展中最基本、最深沉、最持久的力量。一百多年前，中国共产党诞生于近代"三千年未有之大变局"的世界格局中，成立于救亡图存的努力在实践中一再碰壁的时代背景下。在近代中国最危急的时刻，中国部分先进分子找到了马克思主义，这是唤起中华民族伟大觉醒、开启中华民族复兴大业的精神密码。马克思主义理论：一方面具有与中国传统民族性格与文化精神相似的特质，另一方面又是在现代科学发展基础上产生的唯物史观与科学社会主义，从而成为中国共产党领导全国各族人民实现民族解放与社会进步的有力武器。毛泽东同志曾在《唯心历史观的破产》一文中深刻指出："自从中国人学会了马克思列宁主义以后，中国人在精神上就由被动转入主动。从这时起，近代世界历史上那种看不起中国人，看不起中国文化的时代应当完结了。"一百多年来，中国共产党坚持把马克思主义基本原理同中国具体实际相结合、同中华优秀传统文化相结合，不断推进马克思主义中国化时代化，形成中国特色社会主义文化。中国特色社会主义文化，源自中华民族五千多年文明历史所孕育的中华优秀传统文化，熔铸于党领导人民在革命、建设、改革中

206

创造的革命文化和社会主义先进文化，植根于中国特色社会主义伟大实践。一百多年文化建设的辉煌历程，既全面展现了中国共产党推动马克思主义中国化时代化的理论自觉，也有效映照了中国共产党探索中国式现代化进程的成功实践。习近平总书记指出："全面建设社会主义现代化国家，必须坚持中国特色社会主义文化发展道路，增强文化自信。"在当代，我们更要以中国为观照、以时代为观照，立足中国实际，解决中国问题。

基于这一大的时代背景，本书对中国共产党文化建设的理论与实践进行了探讨。在写作过程中，我们结合了近几年的教学与研究心得，并参考借鉴了大量专家学者的相关研究成果，这使我们深受启发，获益匪浅。具体写作分工为：李宝艳负责全书的构思设计和统稿校对，以及第一章和第三章的撰写；彭陈负责第二章、第四章、第五章的撰写。同时，感谢郑博匀、刘欣欣、沐方源、林春花、李群等几位研究生，他们对资料的认真收集和精心整理使本书的写作得以更加顺利地进行。人民日报出版社为本书的出版付出了辛勤的劳动，编辑老师就书稿细节与我们多次沟通，保证了本书的学术性与严谨性，在此特表示衷心的感谢！

"为学之道，必本于思，不思则不得也。"实践没有止境，理论创新没有止境，马克思主义理论工作者的研究更没有止境。由于水平有限，本书对中国共产党文化建设的探索还有许多不足之处，难免挂一漏万，敬请专家与读者批评指正。

2023 年 2 月 21 日